돈 없이 111세까지
살아버린다면?

돈 없이 111세까지 살아버린다면?

흔들리는 당신을 위한 재무질문!
답은 77가지를 절대 벗어나지 않는다!

초판 1쇄 발행 2019년 2월 7일

지 은 이 | **허태호**
기획 편집 총괄 | **호혜정**
편집 | **김수하**
기획 | **홍연서**
표지·본문 디자인 | **이선영**
교정교열 | **호혜정 김수하 김정빈**
홍보 | **김정빈**
마케팅 | **최미남 김태현**
펴낸곳 | **리텍 콘텐츠**
주소 | **서울시 용산구 원효로 153 원효빌딩 824호**
전화 | **02-2051-0311**　　팩스 | **02-6280-0371**
이 메 일 | **ritec1@naver.com**
홈페이지 | **http://www.ritec.co.kr**
페이스북 | 블로그 | 카카오스토리채널 [책속의 처세]
ISBN | **979-11-86151-18-1 (13320)**

상상력과 참신한 열정 담긴 원고를 보내주세요. 책으로 만들어 드립니다.
원고투고: ritec1@naver.com

· 이 도서의 국립중앙도서관 출판예정도서목록(CIP)은 서지정보유통
지원시스템 홈페이지(http://seoji.nl.go.kr)와 국가자료공동목록시스템
(http://www.nl.go.kr/kolisnet)에서 이용하실 수 있습니다.
(CIP제어번호 : CIP2019000695)

나를 위한 올바른 전문가를 구분할 수 있는 노하우!

허태호 지음

돈 없이
111세까지
살아버린다면?

RITEC
CONTENTS

돈이 흐르는 곳에서 일하고 싶었던 나는 2008년 부동산중개업에 몸 담았고, 2009년에는 본격적으로 금융업에 뛰어들었다. 사람들과 만나 "무슨 일 하세요?"라고 질문을 받을 때면 "자산관리사(재무설계사)입니 다."라고 자신 있게 대답했다. 하지만 어째서인지 사람들은 이 직업에 대해 잘 알지 못하거나 선입견을 품고 있었다.

그 사실을 깨달은 뒤 왜 그럴까? 라는 의문을 오랫동안 품어왔다. 시간이 조금 흘러서야 그 이유를 알 수 있었다.

직업에 대해 소개해 주면 많은 사람이 이렇게 말한다.

"아휴……. 저는 관리할 자산이 없는데. 관리받을 자산이 생겨 연락 드릴 수 있으면 좋겠네요."

"그러면 부자들만 만나시겠네요. 저 같은 사람들은 상담 안 해 주시 겠네요."

자산관리나 재무설계는 돈이 있는 사람들의 전유물이 아니다. 자산 이 있는 사람은 그들 나름의 고민이 있고, 자산이 없는 사람들은 자산 을 만들어야 하므로 고민해야 한다. 우리 모두에게 필요하다. 하지만 많 은 사람이 "나는 자산관리가 필요 없어."라며 외면부터 한다.

오히려 이미 부자가 된 이들, 자산이 있는 이들은 이미 스스로 자산 관리를 잘한다. 전문가를 잘 이용하고 있다. 전문기관이나 전문가들에겐 본인이 무엇이 필요하고 어디가 가려운지를 정확하게 알고 그에 맞는 정보와 해결책을 요구한다.

하지만 일반인들은 외면해온 탓인지 너무나 막연해하며 본인의 프레임으로 해석하여 기준을 만들어버린다. 소문이나 지인의 '의견'을 '사실'로 착각하여 굳건히 믿거나 골치 아픈 문제를 외면하면 잠시 잊어버릴 수 있는 것처럼 여겨버리기도 한다.

그래서는 안 된다. 과거, 계급사회이던 시절에 글을 모르던 이들은 글을 아는 이들에게 휘둘릴 수밖에 없었다. 지배계급은 피지배계급이 글을 알게 되면 속내가 들통나고 힘을 잃어버릴까 봐 글을 더욱 어렵게 느껴지게 하고 배우지 못하게 했을지도 모른다.

어쩌면 자산관리가 우리에겐 글과 같을 수 있다. 이제는 알아야 한다. 나와 내 가족들의 행복한 삶을 위해.

그렇다면 전문가를 만나 상담을 통해 자산관리만 받으면 모든 게 좋아질 수 있을까? 아니다. 많은 사람이 본인에게 무엇이 필요한지, 어떤 부분에 대해 상담을 요청해야 하는지, 이 전문가를 통해 어디서부터 어디까지 본인의 문제를 해결할 수 있는지조차 모르는 경우가 대부분이다.

그렇다 보니 "그냥 알아서 해 주세요."가 일반적인 요청 사항이다. 나에게 솔루션이 맞는지 아닌지도 잘 판단하지 못 한다. 그래서 안타깝게도 잘못된 계획으로 돈과 시간을 허비하는 경우가 정말 많다.

자산관리라는 직업에 선입견을 품고 있는 사람들은 '부자들에게만 필요한 자산관리'라는 믿음과 '잘못된 계획으로 인한 돈과 시간 낭비,

그리고 마음의 상처'를 경험하였을지도 모른다.

　이 두 이유로 자산관리를 외면하고 살다가 이제라도 잘못된 선택을 바로잡겠다며 시간과 비용을 들여 나를 찾아오는 사람이 많다. 내 고객의 거의 70%는 이런 경우였다.

　이 책은 지난 10여 년간의 생생한 상담 경험을 바탕으로 기록하였다. 개인정보보호를 위해 고객정보를 각색한 것만 제외하면 상담 전부를 사실 그대로 나타냈다.

　기록하며 놀란 사실은 아주 특별한 경우를 제외하고는 대부분의 고객은 이 책에 나열된 질문의 범위를 벗어나지 않는다는 점이다. 나에게는 다양한 직군과 나이, 성별의 고객들이 매번 같은 질문을 하는 것이 놀라울 따름이다. 게다가 오해하거나 잘못된 정보를 사실로 받아들이고 있는 것조차 비슷한 경우가 많았다.

　그렇다면 자산관리를 잘하기 위해 많은 공부를 하고 전문가가 되어야 할까?

　그렇지 않다. 자동차를 운전하기 위해서는 운전면허를 취득하고, 시동을 걸고, 교통법규를 지키며, 안전하게 운전하면 된다. 자동차를 제조할 정도로 기술적인 공부를 할 필요도 없고, 직업으로 할 것이 아니라면 정비를 기술자만큼 할 필요도 없다.

　이 책의 77가지 질문만이라도 정확하게 잘 이해하고 숙지한다면 과거 피지배계급이 글을 알게 된 것과 같다. 학문을 연구하고 어려운 책들을 돌파하는 것이 아니라 그저 글을 알기만 해도 세상을 다른 눈으로 볼 수 있다. 또한 자산 관련 영업인과 전문가에게 달콤한 말로 유혹되지 않고 정말 나를 위한 상담을 받을 수 있다.

마법 같이 한 번에 모든 걸 해결할 수 있는 내용은 아니지만 수능 만점자에게 공부 비법을 물어보면 교과서를 중심으로 공부했다는 답변을 하는 것처럼, 토끼와 거북이 경주에서 거북이의 한걸음 같은 이야기들이 이 책에 있다.

그래서 사탕처럼 달콤하지는 않지만 몸에 좋은 한약처럼 쓰다. 나에게 해당하는 질문이 아니라면 지나쳐도 괜찮지만 언젠가 당신에게 필요한 순간이 있을 것이다. 꼼꼼하게 잘 활용한다면 내 자산관리를 좀 더 영리하고 현명하게 할 수 있을 것이다. 그리고 현혹시키는 전문가가 아니라 올바른 전문가를 구분할 수 있는 눈도 갖출 수 있을 것이다.

이 책이 당신을 위한, 당신만의 자산관리 기준을 만들어주고 당신의 미래에 조금이라도 미소 지을 수 있게 도움을 줄 수 있는 책이길 바란다.

마지막으로 고마운 분들에게 감사 인사를 드리고 싶다. 원고를 잘 마무리할 수 있도록 도와준 이름을 다 밝힐 수 없는 주변 지인들, 책을 쓰라며 적극적으로 지원하여 힘든 시기에 나를 도와주고 진심으로 응원해준 내 친구 최재민(삼보), 그리고 집필에 대한 자료를 준비할 때 도와준 라온회 친구들, 마지막으로 언제나 나를 지지해 주고 믿어주는 아내 서인씨와 동생 태성이에게 감사의 인사를 전한다.

자산관리사
허태호

돈, 없는 사람보다
관리 안 되는 사람이 더 위험하다

보험, 상식의 새빨간 배반

PART
3

후회, 아무리 빨라도 느리다

PART
1

돈, 없는 사람보다
관리 안 되는 사람이
더 위험하다

금융은 기초공사가
50년을 좌우한다

사회초년생인데 금융상품은 어떤 것부터 가입해야 할까요?

(30/박성진/생산직/남자/자산관리)

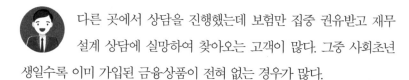
다른 곳에서 상담을 진행했는데 보험만 집중 권유받고 재무 설계 상담에 실망하여 찾아오는 고객이 많다. 그중 사회초년 생일수록 이미 가입된 금융상품이 전혀 없는 경우가 많다.

"요즘은 취업이 정말 어려워요. 그래서인지 저는 20대 후반에 취업했어요. 처음 몇 달은 정신이 없더군요. 주변에서 축하해 주는 사람이 많았죠. 그런 날은 제가 계산을 많이 했어요.

정말 처음 1년은 부모님께 그동안 못 해 드린 선물과 용돈도 많이 해 드렸고 벌이가 없었던 학생일 때 사고 싶거나 하고 싶었던 것들을 했어요.

어쩌면 통장에 큰돈이 매월 들어오니 정신을 못 차렸나 봐요. 알바해서 벌던 돈보다 회사월급이 훨씬 크니 뭐든 다 할 수 있을 것처럼 돈을 쓰게 되더군요.

문득 주변을 둘러보니 제가 그렇게 흥청망청 쓰는 동안 일찍 취업한 친구들은 어느새 돈을 꽤 모았더라고요. 그리고 앞날을 생각하니 깜깜해져서 얼른 돈부터 모아야겠다는 생각에 이렇게 상담 신청을 했습니다. 저는 사회초년생인데 금융상품은 어떤 것부터 가입해야 할까요?"

사회초년생들을 만나면 이런 이야기를 많이 한다. 대화를 나눠보면 급한 마음에 당장 오늘부터 여러 금융상품에 투자를 시작하겠다고 의욕에 넘친다. 그리고 자꾸만 재테크를 서둘러 하고 싶다고 말한다.

이런 상담 신청자일수록 유독 투자상품에 집중적으로 상담 요청을 하며 수익률에 대한 질문이 특히 많다. 그리고 경험이 없어서인지 "원금이 손실되는 건 싫으니 원금이 보장되고 저금리 상품 말고 수익률은 높은 거로 추천해 주세요. 오늘 당장 가입할게요."라고 호기롭게 말한다.

그러면 이런 분들은 일단 진정시키고 말린다. 혹시라도 이 글을 보고 있는 사회초년생이 있다면 '나는 아니야.'라고 단정하지 말고 주의하기 바란다.

'무언가의 특별함: 원금도 보장되고 수익도 크거나 보장되는' 듣기 좋은 말만 하는 상품만 찾다가는 사기를 당할 수 있다. 급할수록 돌아가야 한다.

조급하면 불법회사 상품에 당하기도 한다. SNS 속 화려한 언변의 상담사에게 반해 재테크 상담을 신청했다가 많은 이자 수익이 확정이며 복리인 상품에 가입하였는데, 나중에 확인하니 사망보장을 목적으로 하는 종신보험에 가입한 사례도 많다.

사회초년생은 앞으로 최소 30년간 자산관리를 해야 한다. 그래서 초기 3년 정도는 시간과 노력을 투자하여 나머지 27년간 해야 할 자산관리를 공부해야 한다.

실력 좋은 자산관리사를 자주 만나 배우는 것도 좋은 방법이다. 회사생활을 배우느라 정신없이 바쁘고 힘들겠지만 30년을 고생하기보다 3년을 투자하여 초석을 잘 다져놓길 추천한다.

그래서 나는 그들에게 차근차근 다양한 공부도 하고 여러 금융상품을 살펴보라고 조언한다. 아직 미숙하고 경험이 없기 때문에 다양한 금융상품에 대해 알아볼 필요가 있다. 물론 혼자서 어렵다면 전문가에게 충분한 도움도 받으라고 한다.

"친구가 원자재 펀드에 투자했는데 그거 대박인 거 같다."라는 남들 이야기에 흔들리지 말고 스스로 공부하고 알아가고 판단하여 결정하자.

무엇보다 가장 중요하고 먼저 시작해야 하는 것은 당연히 보험이다. 하지만 젊거나 사회초년생일수록 특별한 재테크만 찾고 보험은 무시하는 경향이 많다. 아무리 열심히 재테크하고 돈을 잘 모아도 건강에 문제가 생겨 열심히 불려놓은 자산을 의료비로 소진하면 아무 소용이 없다.

다음의 경우를 예로 살펴보자.

30세 동갑내기 지잘난과 나현명의 이야기다.

지잘난은 야근이 좀 많지만 연소득은 5,000만원이며 1년간 생활비로 2,000만원을 쓴다. 물론 재테크도 무척 열심히 한다. 영민한 머리에 진취적인 성격의 소유자라 공격적인 곳에 투자하여 수익률도 매우 높은 편이다.

나현명은 연소득 4,000만원이며 야근은 별로 없고 1년간 보험료를 포함하여 생활비로 2,000만원을 쓴다. 고요한 성격처럼 안정적인 투자를 원해 주위 전문가의 조언에 귀 기울인다. 그래서 소득의 8%를 보험에 가입하고 펀드에 분산투자하여 연 5~6%의 수익률을 만들었다.

그러던 2년 뒤 두 사람은 암 진단을 받게 되어 회사를 그만두게 된다.

30세 회사 입사	지잘난(연소득 5,000만원)	나현명(연소득 4,000만원)
연간 생활비 / 저축금액	2,000만원 / 3,000만원	2,000만원(보험료 300만원) / 2,000만원
2년 뒤 모은 자산	7,000만원	4,500만원
암 진단 후 3년간 사용한 돈	· 생활비(3년): 6,000만원 · 치료비: 1,000만원	· 생활비(3년) 6,000만원 · 치료비 0원(보험처리) 보험금 7,000만원 − 생활비(3년) 6,000만원 = 1,000만원 ⇒ 4,500만원 + 1,000만원 = 5,500만원(펀드로 3년간 운용)
암 완치 후 35세 자산 총액	0원	6,500만원

지잘난은 모은 7,000만원을 생활비와 치료비로 모두 썼다.

나현명은 가입한 보험으로 치료비를 전부 처리하고, 암 진단금과 수술 및 입원 보험금으로 7,000만원을 추가로 받아 생활비로 3년간 6,000만원을 쓰고 나니 1,000만원이 남았다. 암 진단받기 전까지 갖고 있던 4,500만원과 합쳐서 5,500만원을 혼합형 펀드에 3년간 넣어뒀더니 수익이 생겨 3년 뒤 자산은 6,500만원이 됐다.

지잘난과 나현명은 35세에 암 완치 판정을 받아 다시 일상생활을 시작하려 한다.

지잘난은 이제 다시 0원부터 시작해야 하지만 건강한 몸이 아니기에 이전처럼 야근까지 하며 자산을 모으기 어렵다.

나현명은 6,500만원과 대출을 받아 소형 빌라를 매입하여 월세를 받기 시작한다. 매월 30만원씩 월세를 받게 되니 야근도 없고 소득은 좀 적지만 편히 일할 수 있는 직장을 얻게 됐다. 그리고 향후 부동산이 상승한다면 매매차익도 기대할 수 있다.

어떤가? 둘의 예는 극단적이지만 주위에서 접할 수 있는 사례이기도 하다. 나에게 일어나지 않는다고 장담할 수 있겠는가?

보험은 뒤로 미룬 채 남들에게 뒤처지지 않겠다며 저축만 하거나 투자부터 시작하려는 사회초년생들은 명심해야 한다. 보험투자는 자산이 덜 모이는 게 아니라 자산을 지켜주는 안전시스템이다. 그렇지만 보험료가 아깝다며 차라리 그만큼 돈을 더 모으겠다고 하는 이들이 많다.

일단 건강하니 나중에 가입하겠다고? 당신이 보험을 필요하다 느낄 땐 가입이 안 된다. 그러니 보험료가 저렴하고 가입 가능할 때 이른 나이에 보험부터 가입하고 청약통장/펀드/연금/적금에 가입하길 권유한다. 경험이 중요하므로 다양한 금융상품에 무리 되지 않게 가입해 보자.

☑ POINT _____

기초공사를 무시하고 건물을 짓는다면 어느 날 작은 흔들림에도 건물이 무너질 수 있다. 보험부터 철저하고 튼튼하게 준비하고 그 위에 나의 건물(자산)을 세우자.

부자들일수록 장기적인 안목으로 자신의 미래를 탄탄하게 준비한다. 어쩌면 미리 준비하는 그 철저함이 그들을 부자로 만들어줬을지도 모른다.

성적이 좋은 학생의 비법이 벼락치기가 아니라 미리 시험 준비를 한 예습처럼 말이다. 벼락치기로 한두 번은 운 좋게 예상보다 좋은 점수를 얻을 수도 있다. 하지만 매번 꾸준히 성실한 우등 학생을 이길 수는 없다.

혼자서도 할 수 있는
재무설계 툴

  전문가의 도움 없이 혼자서도 재무설계 할 수 있을까요?

(30/박광지/회사원/여자/자산관리)

재무설계는 누구에게나 필요하다. 돈을 잘 모으고 관리해서 잘 쓰기 위한 계획이기 때문이다. 하지만 많은 사람이 재무설계를 특별한 경우에만 필요하다고 알고 있거나 특별한 사람만을 위한 것이라고 생각한다.

사실 우리는 누구나 자기도 모르는 사이에 재무설계를 하고 있다. 다만 방법을 모르거나 계산이 섬세하고 전문적이지 못할 뿐이다.

"재무설계를 매번 전문가에게 의뢰하여 진행하는 게 사실 좀 부담스럽기도 해요. 비용이 들어가니 상담받을 게 많아야 의뢰해야겠다고 마음먹게 되기도 하고요. 어차피 하는 거 많은 걸 도움받고 싶은 마음은 누구나 똑같을 거예요. 물론 재무설계사님에게 문의하면 친절하게 잘 답변해 주시지만 바쁘신 데 매번 여쭤보기도 죄송하고요.

다양한 방향으로 이렇게 저렇게 되면 어떨까 생각하기도 하는데 그때마다 새로 재무설계를 의뢰 드릴 수도 없는 일이고요.

전문가의 도움 없이 혼자서도 재무설계 할 수 있을까요? 전 문적인 공부를 하지 않고도 제가 할 수는 없나요? 아니면 간단 하게 하는 방법이나 추천해 주실 만한 사이트 있을까요?"

요즘은 스마트폰 어플이나 인터넷으로 조금만 찾아보면 간단한 재무 설계 정도는 얼마든지 스스로 할 수 있다. 하지만 사용하기 쉽고 간단한 도구들이 있어도 기본 원리를 모르면 활용을 못 할 뿐이다. 스스로 할 때의 흐름은 다음과 같다.

1. 앞으로 발생할 돈이 필요한 이벤트 예측해 보기(예: 결혼/주택확장/자동 차 구매)
2. 우선순위 정하기
3. 해당 이벤트의 필요자금 및 준비된 자금 계산하기
4. 3번의 필요기간 예측하기(예: 결혼-3년/주택확장-5년/자동차 구매-1년)
5. 어플 또는 인터넷으로 물가상승률과 예상수익률을 입력하여 매월 필요 저축 금액 계산하기
6. 현재 나의 저축금액으로 가능하면 확정/불가능하면 기간 또는 금액 조 정하기

전문가의 도움을 받는다고 해도 1번은 내가 스스로 정해야 하는 항 목이다. 상담해 주는 전문가가 당신의 결혼시기와 필요금액 규모를 결정 해 줄 수는 없다.

2번, 4번도 스스로 결정해야 할 항목이다.

3번, 5번이 비전문가로서 어려운 영역일 수 있다. 물론 이자율과 물 가상승률을 무시한다면 단순계산으로도 가능하다. 계산은 다양한 '검

색'이라는 적은 노력으로 충분히 가능하다.

6번도 역시 내가 직접 결정해서 조정해야 한다.

전문가는 1번부터 6번의 과정 이외의 재무평가나 대안 제시, 현재 상태에 대한 진단 등 보다 전문적이고 다양한 요소로 재무설계를 진행해준다. 하지만 이 과정들은 얼마든지 스스로 할 수 있으니 한번 시도해

FundDoctor in ZEROIN [ ] [검색]

| 펀드 | 변액 / 퇴직 | 주식 / ETF | 제로인 지수 | 리서치 | 펀드스쿨 |

MY 포트폴리오 >
· 투자손익
· 펀드정보
· 포트폴리오 X-Ray
· 투자성향진단
· 관심펀드

MY 포인트 >
· 포인트내역
· 포인트 쌓기
· 리포트내역
· 포인트충전
· 상품구매
· 리포트구매

간편재무설계
| My닥터 〉 간편재무설계

재무상태분석 결혼자금설계 주택자금설계 교육자금설계 목적자금설계 은퇴자금설계

통계로 보는 나의 재무상태

가구정보

나의 나이는 현재 [ ]살이며, 월소득은 [ ]만원입니다.

기본정보

우리집 한달 평균 가계 생활비는 [ ]만원이며, 매월 저축액은 [ ]만원,
현재까지의 저축 총액은 [ ]만원, 대출 총액은 [ ]만원 정도 입니다.

1) 생활비 = 소비지출 + 비소비지출
 - 소비지출 = 식료품비주류음료 + 주류담배 + 의류신발 + 주거수도광열 + 가정용품가사서비스 + 보건 + 교통 + 통신 + 오락문화 + 교육 + 음식숙박 + 기타상품서비스
 - 비소비지출 = 조세 + 연금 + 사회보장 + 이자비용 + 가구간 이전지출 + 비영리단체 후원
2) 저축총액 = 저축액(적립식, 목돈투자, 기타) + 전세 및 월세 보증금

[계산하기] [RESET]

보기 바란다.

비용을 지급하고 전문가에게 상담을 받는다고 해도 모든 과정을 스스로 많이 다뤄본 사람은 좀 더 폭넓고 깊게 다양한 도움을 받을 수 있다. 이 과정을 이해하고 해 본 사람이 그렇지 않은 사람보다 비용대비 높은 상담효과를 가져올 수 있다.

무료로 이용할 수 있는 곳 중에서 재무계산기는 "펀드닥터"의 간편 재무설계 프로그램을, 노후설계의 경우는 금융감독원에서 운영하는 통합연금포털의 "내 연금조회"와 "노후재무설계"를 활용해 보는 것을 추천한다.

통합연금포털의 경우 공인인증서로 로그인한다면 국민연금부터 개인연금까지 통합 계산되어 예상결과를 보여줄 정도로 매우 잘 만들어져 있다.

전문가에게 의존하는 것도 좋지만 스스로 노력해 보고 부족한 부분을 전문가를 통해 도움을 받는 것이 좀 더 효율적이다.

☑POINT _____

물건을 살 때나 여행을 갈 때는 검색하고 비교해 보는 노력을 하는 당신. 나에게 가장 중요한 내 재무설계에는 과연 얼마만큼의 시간과 노력을 기울였는가?
전문가에게 의뢰하는 것도 좋지만 혼자서도 얼마든지 가능하다.

스스로 돈 관리되는
셀프 통장관리방법

돈 관리가 잘 안 되는데 무엇부터 해야 할까요?

(33/이희철/운동코치/남자/자산관리)

재무설계나 금융상품을 통한 자산관리가 직업인 나에게 돈 관리에 관한 도움 요청은 상당히 많은 편이다. 주로 미혼이거나 20~30대에서 많은 연락이 온다.

이희철 님은 자기관리, 특히 외모관리에 철저한 분이셨다. 트레이너라는 직업상 식단부터 건강관리까지 꼼꼼한 자기관리를 하는 분이다. 그런데 정작 돈 관리만큼은 어려워하셨다.

"경제활동을 한 지도 수년이 흘렀어요. 어느 날 내가 스스로 잘할 수 있을 거라 여겼던 돈 관리가 전혀 안 되고 있다는 사실을 깨달았어요.

다양한 재테크 방법이나 금융상품에 대해 무지한 건 공부를 안 해서 그러려니 하겠는데 급여를 받으면 쓰는 거 말고는 너무 막막해요.

친구들은 얼마얼마 모았다거나 집을 샀다고 하는데 저는 빈 깡통 같아요. 무엇부터 해야 할지, 어떤 방법으로 할지도 모르겠어요.

주변 지인들에게 물어보면 대부분 금융상품 가입에 대한 이야기만 하고 관리 방법 자체는 다들 잘 모르는 거 같아요. 인터넷으로 신청해서 상담도 받아봤는데 보험만 자꾸 가입하래요. 무엇이 좋다는 소문만 들릴 뿐 실질적인 방법은 없더라고요.
돈 관리가 잘 안 되는데 무엇부터 해야 할까요?"

크게 세 가지를 해야 한다. 하나씩 따로 하는 것이 아니라 한 번에 동시에 해야 할 것들이다.

1. 재무목표 세우기 / 2. 가계부 쓰기 / 3. 통장관리

이 중에서 통장관리를 살펴보자.

일단 급여통장과 그 외의 통장으로 구분해야 한다. 나눌 때는 특별한 법칙이 있는 것은 아니다. 내가 정한 분류기준에 맞게 스스로 설정하는 것이 좋다.

그리고 통장이란 꼭 수시입출금 계좌만을 뜻하는 것은 아니다. 금융상품이 될 수도 있다. 범주를 다양하게 하자. 급여가 통장에 입금되면 고정적으로 지출되는 항목들에 출금될 돈을 제외하고 나누자. 오른쪽 그림은 분할 예시다.

반드시 똑같이 할 필요는 없으니 개념만 이해하는 정도로 참고하자. 월급이 입금되면 급여 통장에서 내가 정한 목표저축액만큼 투자(저축) 통장에 옮긴다. 이 부분은 자동설정으로 하는 것이 좋다. 수동으로 하려 한다면 의지가 약해져 건너뛰는 일이 발생한다. 한번 그런 일이 생기면 저축 의지는 쉽게 꺾인다.

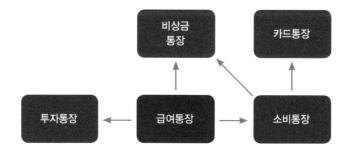

    매월 생활비(소비)에 대해 필요한 금액을 설정하고 정확히 그만큼만 급여통장에서 소비통장으로 옮긴다. 나머지는 비상금 통장에 옮긴다. 비상금 통장으로는 CMA 통장*을 추천한다. 그리고 매월 절제된 소비를 하려고 노력한다. 정말 소비를 줄였다면 남은 돈은 비상금 통장으로 옮겨 비상금 통장 주머니를 더 키우자.

    현금 이외 카드를 사용하게 되면 카드 사용액만큼 소비통장에서 카드(결제)통장으로 이체를 하자. 그래야 카드로 인한 과소비를 막을 수 있다.

☑ POINT

남이 해 주는 것보다 내가 스스로 정한 규칙에 따라 통장을 나누고 돈 관리를 하는 것이 좋다. 돈 관리를 잘하고 싶다면 1. 재무목표 세우기/2. 가계부 쓰기/3. 통장관리(나누기)는 필수이다.

    사람들은 자기 자신을 주관적으로 바라본다. 돈 관리는 자기 자신을 객관적으로 바라보고 시작해야 한다. 스스로를 너무 믿지 말고 내가 정한 규칙을 믿자.

---

* 수시입출금이 가능한 증권사 계좌이며 은행의 입출금통장보다 높은 이자를 받는다.

대출의 상환? 투자?
어떤 것이 우선순위일까?

대출 먼저 갚는 게 나을까요, 투자 먼저 하는 게 나을까요?

(34/양용준/방사선사/남자/자산관리)

10년간 재무설계 상담을 하면서 가장 많이 받는 질문 중 하나이다.

대출도 여러 종류가 있다. 주택에 세입자로 들어가면서 은행에서 빌린 전세자금(임대보증금) 대출과 살 때 빌린 주택담보대출이 있다. 그리고 신용대출과 카드대출이 있다.

저축도 하고 싶고 대출도 갚아야 하고 그사이에서 고민하는 사람이 많다. 대출 때문에 고민하던 고객이 상담을 요청했다.

"얼마 전에 결혼을 했어요. 결혼하면서 주택을 구입하여 담보 대출을 받아야 했지요. 그리고 사실 결혼 전에 신용대출도 조금 있었고요. 급하게 상환해야 하는 것은 아니지만 대출이 있다는 사실에 무언가 심리적으로 많은 압박을 받게 돼요. 그래서 대출 금을 빨리 갚아야 한다는 생각을 자꾸만 합니다.

그런데 언론이나 지인을 통해 지금은 투자하기 좋은 시점이라는 이야기를 듣게 되니 나도 무언가 재테크를 해야 할 것 같은 기분이 들어요. 참 고민입니다.

　대출금을 다 갚고 저축이나 투자를 하자니 적어도 10년간은 대출금만 갚아야 하고 그렇다고 대출상환을 하지 않고 투자하자니 대출 때문에 무슨 문제가 생기지 않을까 겁도 나고요. 또 대출 갚는 데 집중하면 제가 가용할 수 있는 현금이 없어서 혹시라도 돈 필요한 상황이 생기면 어쩌나 하는 생각도 들고요.

　대출 먼저 갚는 게 나을까요? 투자 먼저 하는 게 나을까요? 만약 제가 대출상환 대신 투자를 한다면 혹시나 모를 상황에 적금같이 원금보장되는 상품으로 하는 것이 좋을까요? 원금손실의 가능성은 있지만 수익을 기대할 수 있는 펀드에 투자해야 할까요? 합리적인 방법을 알려 주세요."

대출 종류	이자율	상환액
주택담보대출	2.8%	62만원
신용대출	3%	40만원
신용대출	5%	10만원

금융상품	예상수익률
은행 적금	2.8%
주식형 펀드	8%
혼합형 펀드	6%
채권형 펀드	4%

　이때 가장 먼저 고려해야 할 건 바로 대출이자율이다. 내가 갖고 있는 대출의 이자율과 대출상환을 하지 않고 선택할 투자의 기대수익률(또는 적금의 이자율)을 보수적으로 비교해야 한다.

　양용준 님의 현재 주택담보대출 이율은 2.8%였다. 신용대출은 5%와 3% 두 개가 있었다.

　그러면 반대로 대출을 상환하지 않고 투자를 선택하였을 때 기대할 수 있는 상품의 수익률을 살펴보자.

적금금리는 현재 시중 최고금리이며 펀드의 예상수익률은 보편적으로 기대할 수 있는 수익률이다. 은행 적금은 여기서 고려대상이 될 수 없다. 은행 적금금리와 주택담보대출 금리가 같기 때문에 매력적이지 않다.

펀드들은 고려해볼 만하다. 예상 수익률이 확정은 아니지만 가능성이 있고 잘 선정한다면 추가 수익률도 기대할 수 있기 때문이다. 또 투자 기간이 길어질수록 장기투자의 장점과 경기순환으로 인해 손실보다 이익의 가능성이 커진다.

양용준 님은 현재 매달 동일한 금액으로 원금과 이자를 포함하여 대출을 상환하고 있었다. 여기서 중요하게 고려할 사항은 내가 펀드의 원금손실 가능성과 수익률의 변동성을 견딜 수 있을지 여부다. 고객은 적금금리가 너무 낮다고 판단하였다. 그래서 나와 함께 상의하여 결정한다면 충분히 수익을 낼 수 있을 거라고 기대하여 투자를 선택하였다.

상대적으로 금리가 높은 5%의 신용대출은 이전처럼 변동 없이 상환하기로 하고 주택담보대출과 3% 신용대출을 상환할 돈으로 주식형 펀드와 혼합형 펀드에 나누어 투자해 보기로 하였다. 만약 펀드수익률이 8%를 달성한다면 기존 대출금리 3%보다 높으므로 5%의 이익이 생긴다. 결국 내 나무(자산)에 관심과 노력이라는 양분을 주어 잘 키워보기로 결정했다.

여기서 좀 더 세세히 계산해 본다면 5%의 이익률이 정확히 맞는 계산은 아닐 수도 있다. 그럼에도 이런 선택이 가능한 이유는 유동성을 함께 고려했기 때문이다. 단순하게 몇 % 이익이 더 났다는 장점보다 혹시 돈이 필요한 상황이 생긴다면 유동자산이 있는 것이 매력 포인트로 더해진다. 대신 주의할 점은 단기간에 펀드를 해지한다면 이익보다 손실의 가능성이 높기 때문에 2~3년은 기다릴 수 있어야 한다.

☑ POINT ─────────────────────────────────

살면서 항상 선택을 해야 한다. 하지만 완벽한 선택은 없다.

대출을 상환할지 투자나 저축을 할지에 대해서도 앞으로 벌어질 일에 대해 예측하여 선택해야 한다. 대출은 이미 확정적으로 일어난 사실이지만 투자는 내 노력에 따라 결과가 달라진다. 더 나은 결과를 위해 노력할 수 있다면 시도해 보길 바란다.

1% 펀드수익
올리기 노하우

언니와 똑같이 가입한 펀드인데 왜 수익률이 다른가요?

(36/김진아/교사/여자/자산관리)

자산관리 일을 하면서 누구나 알고 있을 거로 생각했던 정보
가 고객은 모를 수도 있다는 사실을 알게 되었다. 이번 상담
이 그런 생각을 하게 된 계기였다.

"저랑 언니는 같은 펀드를 가입하게 되었습니다. 금액과 날짜
도 같이 가입했어요. 다만, 저는 집에서 온라인으로 가입했고 언
니는 회사 앞 은행에서 가입했어요.

그런데 언니와 똑같이 가입한 펀드상품인데 왜 수익률이 다
른가요?"

이런 경우 수수료에서 차이 나는 것이다. 운용되는 곳이 같은 펀드
지만 오프라인에서 가입했을 경우와 온라인에서 가입했을 때가 다르고,
펀드 클래스가 다르다면 결과도 다르다.

김진아 님과 언니의 가입정보를 살펴보면 선취/후취수수료와 보수가
있다. '한국투자베트남그로스' 펀드를 예로 설명하겠다.

종류		A	A-e	C	C-e
가입자격		제한없음	온라인 가입자	제한없음	온라인 가입자
선취/후취 판매수수료		납입금액의 1.0% 이내	(선취)납입금액의 0.5% 이내	–	–
환매수수료		–	–	–	–
보수 (연,%)	판매	0.9	0.45	1.5	0.5
	운용 등	집합투자업자: 0.850, 신탁업자: 0.060, 일반사무관리회사: 0.018			
	기타	0.0023	0.0022	0.0023	0.0023
	총보수 비용	1.8303	1.3802	2.4303	1.4303
	합성 총보수·비용	2.0247	1.5673	2.626	1.6118

펀드이름 뒤에 붙는 알파벳이 클래스다. A는 선취수수료가 있지만 연 보수는 상대적으로 작다. 반대로 C는 선취수수료는 없지만 연 보수가 크다. 동일한 클래스라면 온라인이 오프라인보다 수수료가 저렴하다. 온라인 상품에는 '-e'가 붙어 있다.

A클래스 기준으로 선취수수료는 오프라인은 1%, 온라인은 0.5%이다. 동일한 A클래스지만 연 보수도 오프라인은 약 2%, 온라인은 약 1.56%이다. 온라인이 오프라인보다 저렴하다.

클래스 선택은 기간에 따라 해야 한다. 펀드투자기간이 길면 A를 선택하고 짧으면 C를 선택하는 것이 좋다. 펀드 가입자는 오프라인을 기준으로 A는 가입하였을 때 처음 1% 수수료와 매년 2%의 보수를 지불한다. C는 처음 수수료는 없지만 매년 약 2.6%를 지불한다. 투자 기간에 따라 수수료는 반드시 차이가 난다.

☑ POINT _____

'아는 것이 힘'이라는 말이 있다. 나는 '아는 것이 돈'이라고 말하고 싶다.

　같은 기간 같은 펀드를 가입하더라도 어떤 선택을 했는지에 따라 결과가 달라진다. 1,000만원으로 가입한다면 온라인과 오프라인은 가입 순간부터 5만원이 차이가 난다. 클래스 선택에 따라 기간이 길어지면 더 큰 차이가 생긴다.

스스로 하면 답이 보이는
재무노트 작성법

내 재정상황, 어느 것부터 정리해야 할까요?

(37/김일권/사업가/남자/자산관리)

상담을 신청한 고객 중에는 무언가 하기는 해야겠는데 무엇부터 해야 할지 모르는 사람들이 의외로 많다. 내게 도움받고 싶은 부분이나 필요사항을 정하여 상담요청을 하면 해당 부분에 대해 명확하게 분석하여 설명할 수 있는데 스스로가 잘 모르는 경우는 상담과정이 좀 더 많이 필요하다. 스스로에 대해 먼저 파악하고 느끼는 것부터 시작해야 한다.

"사실 그동안은 자산관리에 관심도 생각도 없이 그냥 살았어요. 사업을 해서인지 돈이 부족하면 그냥 더 벌면 된다고 생각했거든요. 현금이 부족하면 카드 사용하고. 반대로 여유가 생기면 돈 생겼으니 쓰고 싶은 만큼 쓰고 그랬어요.

그러다가 문득 정신을 차려보니 매달 생활은 문제없지만 수중에 모아놓은 돈은 없고 빚만 남았어요. 남들은 노후대비도 하고 자식들 대학등록금도 준비 중이라던데 저희 부부는 즐기기만 바빴지요. 후회가 밀려오더라고요.

그래서 이제부터 저도 자산관리로 무엇이든 해 보려고 하는
데 어디서부터 손을 대야 할지 모르겠어요. 현재 제 재정상황에
대해 파악이 안 되는데 무엇부터 정리해야 할까요?"

(단위: 만원)

자산		부채		순자산(= 재산 − 부채)		
전세금	15,000	마이너스론	1,000	19,900 − 1,300 = 18,600		
예적금	2,000	동생	300			
펀드	600			향후 재무적 이벤트		
변액연금	2,300			2년 뒤 이사 예상금액		3,000
				5년 뒤 차량교체		4,000
				15년 뒤 자녀 등록금		5,000
계	19,900	계	1,300	내년 부모님 동반 가족여행		500
수입		고정지출		변동(감정적) 지출		관계(사회)적 지출	
급여	300	전세대출금	20	외식	30	친구결혼	20
상여금	150	유류비	30	인터넷쇼핑	20	장례식	10
		보험료	20	커피 및 음료	10	부모님생신	20
		헬스장	10	술자리	30		
계	450	식권	10				
저축							
적금	30						
펀드	50						
연금	20						
계	100	계	90	계	90	계	50

자신의 재정상황을 파악하고 돈 문제에 대해 생각하는데 전문가한테 상담받는 것보다 스스로 먼저 하는 것이 좋다. 이사는 어떤 집으로 가고 싶은지, 자녀등록금은 얼마나 준비할 계획인지와 같은 계획을 전문가의 결정에 따를 수는 없지 않은가? 스스로 파악하고 고민해 본 뒤 필요한 부분에 대해 상담받는 것이 훨씬 효율적이다.

복잡하게 생각할 필요 없이 A4 용지를 꺼내어 하나씩 적어 내려가면 된다. 왼쪽 표 예시를 참고하라.

이 예시가 최소한의 필수 사항이니 개인의 상황에 맞게 추가하는 것도 좋다. 기본 예시이기 때문에 얼마든지 응용해도 좋다. 빈칸을 채우다 보면 스스로 느끼는 바가 생길 것이고 뭘 해야 할지에 대해서도 정리될 것이다.

☑ **POINT** _____

내 재정상황을 파악하려면 돈과 관련된 것들을 하나씩 적어보자.
　기본 양식은 가계부에 자산과 부채 항목만 추가시켜도 충분하다. 그리고 나서 개선점을 찾아보길 바란다.

위험을 관리하면서
목돈을 효과적으로 투자하는 방법

목돈으로 저위험 투자 가능할까요?

(37/문수진/임대업/여자/자산관리)

투자를 해서 이익을 얻고 싶은 마음은 누구나 같다. 과거 한 국은 '부동산 불패신화'라 불릴 만큼 가장 손쉬운 재테크로 부동산 투자를 선호했다. 그러나 최근 부동산은 호재가 있거나 잘 고른 알짜 부동산을 제외하면 상대적으로 수익률이 떨어지고 있다. 관리에 대한 노력과 세금을 포함한 비용을 빼고 나면 실질 수익률이 많이 떨어진다.

부동산을 처분한 목돈을 저금리 상태의 예금보다는 금융투자를 대안으로 선호하는 추세다. 하지만 부동산보다 변동성이 다양한 금융투자를 선뜻 도전하기에는 부담스러운 것이 사실이다.

매월 적립식으로 하는 투자는 상대적으로 부담이 덜하고 펀드 매수 가격이 안정적인 편이지만 한 번에 큰돈을 투자하는 거치식은 자칫 잘못하면 손해가 생길 확률이 아주 높기 때문이다.

"이번에 저희 어머님이 부동산을 처분했어요. 월세 받는 거로

세입자랑 씨름하는 것도 번거롭고, 관리하는 걸 힘들어하시더라고요. 게다가 세금하고 관리비용이나 중개수수료를 빼면 예전처럼 그렇게 수익률이 높지도 않고요.

그래서 그 돈으로 이번엔 펀드투자를 해 보고 싶은데 기대수익률에 욕심을 내는 건 아니지만 은행금리의 2~3배 정도는 났으면 싶어요. 그 정도면 부동산 투자보다 만족할 거 같아요.

그래야 거기서 나오는 수익으로 어머님 용돈도 쓰실 수 있고요. 그런데 걱정되는 것은 한 번에 납입하다보니 금융위기다, 경기불안이다, 글로벌경제위기다 뭐다 해서 폭락해버리면 그 돈에 손해가 생길까 걱정돼요.

너무 큰 수익은 기대 안 할 테니 어느 정도 안정적으로 수익을 낼 수 있는 펀드로 추천해 주세요. 목돈으로 저위험 투자 가능할까요? 가능하다면 어떤 방법으로 해야 할지도 같이 설명해 주세요."

목돈 투자 시 상대적으로 안정적인 방법을 소개한다.

첫 번째는 혼합형 펀드나 채권형 펀드로 투자하는 것이다. 주식형보다 변동성이 매우 적고 안정적인 수익률을 보여준다.

하지만 단점도 있다. 변동성이 적어 손실확률은 낮지만 주가 상승기에는 주식형 펀드보다 수익률이 낮기 때문에 상대적 박탈감을 느낄 수 있어 수익에 대한 기대감을 낮춰야 한다.

두 번째는 목돈을 적립식처럼 나누어 투자하는 것이다. 예를 들어, 3,600만원이 있다면 3년간 매월 100만원씩 적립식 투자를 하는 방법이다.

첫해 납입할 돈과 나머지를 구분해야 한다. 먼저 CMA 통장에

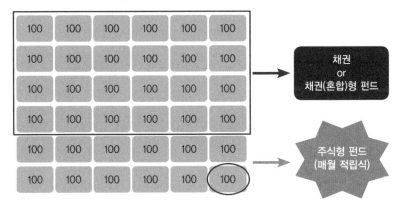

• 첫 해 투자-2,400만원 채권형 투자 / 1,200만원 주식형 투자 •

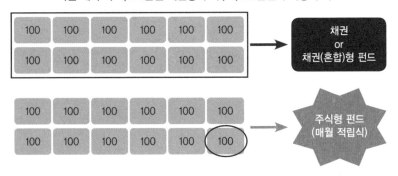

• 다음 해 투자-1,200만원 채권형 투자 / 1,200만원 주식형 투자 •

1,200만원을 넣어두고 자동이체로 1년간 납입하는 것이다. 그리고 2,400만원은 1년 만기의 안정형 투자인 채권이나 채권형 펀드로 투자한다. 그리고 1년이 지나면 다시 또 납입할 1,200만원을 이체 통장에 옮겨놓고 1,200만원을 안정형 투자를 하는 것이다. 그렇게 3년을 운용하는 것이다.

단점은 좀 번거롭고 복잡해 보인다. 하지만 그만큼 안정적으로 수익을 추구할 수 있다. 게다가 중도에 주식형 펀드의 폭락시기가 발생한다면 안정형 자산을 현금화하여 주식형 펀드를 추가 매수하여 더욱 수익률을 높일 수 있다.

'제2의 월급' 연말정산
재테크 노하우

연말정산 어떻게 해야 더 많이 돌려받을 수 있을까요'?

(38/이진영/회사원/여자/자산관리)

직장인을 포함하여 소득이 있는 사람들에게 세액공제는 가장 중요한 관심사 중 하나이다. 연말정산을 했는데 어떤 해는 돈을 더 내기도 하고 어떤 해는 돈을 돌려받기도 한다. 또 나와 비슷한 내 동료는 돈을 환급받았는데 나는 더 내는 경우도 있다.

> "이번에 연말정산했는데 너무 속상해요.
> 동료는 저랑 비슷한 조건인 것 같은데 환급을 받고 저는 오히려 돈을 더 냈어요. 사무실 직원들이 그러는데 제가 카드를 너무 안 써서 그렇다고 하던데 맞는 이야기인가요?
> 주변 사람들 말을 들어보면 제각각이라 누구 말이 맞는지 모르겠어요. 연말정산 어떻게 해야 더 많이 돌려받을 수 있을까요?"

연말정산이란 매월 급여소득에서 원천징수한 세액의 과부족을 연말에 정산하는 일이다. 1년간의 소득을 연말에 합산해서 정산해 보니 세금을 덜 냈다면 부족한 만큼 더 내는 것이고, 반대로 공제가 많아 세금을 많이 냈다면 반대로 돌려받는 것이다.

예- 세금을 더 내는 경우 총소득 4,800만원.
보너스로 인해 4,600만원 초과분인 200만원에 대해
15%만 원천징수하여 30만원을 냄.
하지만 세율 24%에 해당하므로
연말 정산 시 18만원을 더 납입해야 함

예- 세금을 환급받는 경우 총소득 4,500만원.
4,500만원은 15%의 세율 구간임.
공제금액이 1,000만원이라면 150만원을
연말 정산 시 돌려받게 됨

(단위: 원)

과세표준	세율	누진공제
12,000,000원 이하	6%	–
12,000,000원 초과 46,000,000원 이하	15%	1,080,000
46,000,000원 초과 88,000,000원 이하	24%	5,220,000
88,000,000원 초과 150,000,000원 이하	35%	14,900,000
150,000,000원 초과 300,000,000원 이하	38%	19,400,000
300,000,000원 초과 500,000,000원 이하	40%	25,400,000
500,000,000원 초과	42%	35,400,000

예를 들어 연봉은 4,500만원인데 보너스를 300만원을 받았다. 즉,
세율 구간이 올라갔다. 소득 4,800만원 중 4,600만원 초과분에 대해서

는 24%의 세율을 적용받는 것이다. 그런데 월급에서 원천징수를 할 때 15%로 납입했다면 연말정산 시에 덜 낸 9%에 대해 더 내는 것이다.

반대의 경우도 예를 들어 설명하겠다. 1년간의 소득은 4,500만원이다. 그런데 연말정산 시 공제액을 계산해 보니 1,000만원이다. 그렇다면 1,000만원에 대해 이미 납입한 세금인 150만원(1,000만원 × 15%)을 돌려받는 것이다.

즉, 연말정산을 많이 받으려면 공제금액이 커야 한다. 카드 사용액은 공제 항목 중 한 가지일 뿐이며, 일정 금액 초과분에 대해서는 효과가 작거나 없다.

국세청 홈페이지를 통해 나의 전년도 원천징수영수증을 발급받을 수 있다. 원천징수내역서를 차분하게 살펴보고 내가 추가로 받을 수 있는 공제 항목을 찾아야 한다.

본인이 전통시장을 이용하지 않는다면 어머님께서 전통시장을 이용하실 때 현금영수증을 발급받거나 전통시장 상품권으로 명절 선물을 해드리는 것도 방법이다. 자녀가 어린이집에 다니거나 지출되는 교육비도 혹시 빠지지는 않았는지 살펴야 한다.

저축이나 투자상품을 활용하는 것도 손쉬운 방법 중 하나이다. 어차피 해야 할 저축과 투자이기 때문에 기왕이면 공제를 적용받는 상품을 활용하면 된다.

주택이 없다면 청약종합저축 상품에 가입하여 저축하고, 노후대비를 위해 연금저축펀드와 개인퇴직연금에 한도인 700만원까지 납입하는 것도 좋다.

최근에는 크라우드펀딩에 투자한 금액도 공제받을 수 있다. 단, 세부 조건을 잘 살펴야 하며 리스크가 크므로 꼼꼼히 살펴보고 투자해야 한다. 가끔 정부 정책으로 공제를 적용받을 수 있는 상품이 한정적으로 나오기도 한다.

이렇게 다양한 방법으로 저축과 투자를 통해 공제를 받을 수 있다. 다른 공제 조건들은 해당될 수도 있고 아닐 수도 있지만 연금저축처럼 금융상품으로 저축과 투자를 활용한 공제는 얼마든지 내 의지만큼 할 수 있다.

☑ POINT _____

연말정산 시 세금 환급을 많이 받고 싶다면 공제 항목들을 꼼꼼히 살펴보고 해당하는 것들에 대해 잘 준비하고 청약통장과 연금저축 같은 금융상품들은 한도까지 적극 활용하자.

원금이 보장되면서 은행예금 보다 높은 수익률 올리는 방법

 수익률이 좋으면서 원금까지 보장되는 상품이 있을까요?

(38/박지혜/교사/여자/자산관리)

 금융회사들은 고객의 니즈에 맞춰 다양한 상품을 만든다. 투자가 두려운 사람을 위한 원금이 보장되는 투자상품도 많다. 하지만 투자성이 얼마나 있는지는 꼼꼼히 따져봐야 한다.

"제가 잘 몰라서 질문드리는 건데요. 은행의 예·적금은 원금이 보장되는 대신에 이자율이 굉장히 낮아서 안 하려고 해요.

그런데 투자되면서 원금도 보장되는 게 있다고 은행에서 추천받았어요. 정말로 투자되면서 수익률이 좋으면서 원금까지 보장되는 상품이 있을까요?"

반은 있고 반은 없다고 대답하고 싶다.

가끔 원금이 보장되는 투자상품이라는 광고를 본 적이 있을 것이다. 오해하지 말아야 할 것은 예·적금처럼 원금이 보장되는데 고이율을 주는 것이 아니라 원금이 보장되는데 투자성도 있다는 것이다. 문제는 그 투자성의 정도 차이이다.

판매사(증권, 은행)에서는 다양한 원금보장형 투자상품을 판매한다. 부분적으로 원금을 보장하는 상품도 있다. 예를 들면 '90% 원금보장형' 같은 형태다. 다음 화면은 삼성증권 홈페이지에서 갈무리한 것이다. 바로 ELB와 DLB 상품이다.

어떻게 원금이 보장되면서 투자가 가능한 것일까?

	상품명 ▼	상품유형 ▼	기초자산	예상수익률	최대손실률	청약기간 ▼
☐	DLB 제693회 자세히보기 3년/6개월 (103,103,103,103,103,103)% 세전 연 4.7% 🔹 저위험　₩ 원금지급	하이파이브	USD KRW 15:30 환율	세전 연 4.7%	0.00 %	2018-06-15 ~ 2018-06-21
☐	ELB 제742회 자세히보기 원금 지급 옵션만기 1년6개월, 낙아웃콜(100,115)%, 참여율 55%, 보상수익률 0% + 낙아웃풋(100,85)%, 참여율 55%, 보상수익률 0%,최대 8.25% 🔹 저위험　₩ 원금지급	낙아웃콜풋	KOSPI200	최대 8.25%	0.00 %	2018-06-15 ~ 2018-06-21
☐	ELS 제19332회 자세히보기 1년/3개월, 원금 90% 지급, (102,102,102)%, 만기 참여율 100%세전 연 15.2%(만기까지 순연시 더 많이 하락한 종목의 수익률로 상환) 🔹 중위험　₩ 원금비보장	기타	SK하이닉스 KB금융	세전 연 15. 2% (만기까지 순연시 더 많이 하락한 종목의 수익률로 상환)	10.00 %	2018-06-15 ~ 2018-06-21
☐	ELS 제19333회 자세히보기 1년/3개월, 원금 90% 지급, (102,102,102)%, 만기 참여율 100%,세전 연 12.2%(만기까지 순연시 더 많이 하락한 종목의 수익률로 상환) 🔹 중위험　₩ 원금비보장	기타	삼성전자 ALPHABET INC-A	세전 연 12. 2% (만기까지 순연시 더 많이 하락한 종목의 수익률로 상환)	10.00 %	2018-06-15 ~ 2018-06-21

ELS/DLS 상세

DLB 제693회

위험등급	원금지급여부	기초자산	예상수익률	상품유형
🔹 저위험	₩ 원금지급	USD KRW 15:30 환율	세전 연 4.7%	하이파이브

상환조건	최대손실률	청약기간	입고일/환불일
3년/6개월, (103,103,103,103,103,103)%,세전 연 4.7%	0 %	2018-06-15 ~ 2018-06-21	2018-06-25 ~ 2018-06-22

이해를 돕기 위해 예를 들어 설명하겠다. 하지만 실제로 이렇게 똑같이 투자되는 것은 아니니 오해 말기 바란다.

만약 100만원을 투자한다면 98만원은 이자를 받을 수 있는 예금 또는 채권에 투자한다. 그리고 98만원에서 2만원의 이자가 발생한다. 그래서 원금 100만원은 확보가 된다. 그러면 그 2만원으로 투자성이 있는 곳에다 투자하는 것이다. 이렇게 원금도 보장되며 투자도 가능한 상품의 구조가 된다.

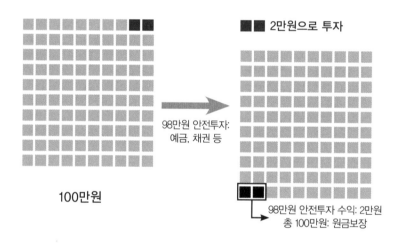

선물, 옵션을 이용한 이런 상품들의 경우 장단점이 있다. 장점은 원금이 보장되면서 투자도 가능하다는 것이다. 단점은 중도상환이 어려워 유동성이 확보되지 않고 투자성이 강하지 않다는 것이다. 즉, 원금이 보장되는 만큼 투자성은 약하다. 그래서 수익을 기대하고 투자하였는데 수익이 너무 작다며 결과에 대해 불만을 표현하는 가입자가 많은 편이다.

장점만 보지 말고 단점도 살펴봐야 한다. 내가 진정 원하는 것은 투자성일까, 안정성일까? 두 가지를 동시에 갖추었다면 정도의 차이가 있기 때문에 잘 살펴봐야 한다.

경제위기를 즐기는
투자비법

경제위기에도 끄떡없는 투자전략 있을까요?

(38/양희진/주부/여자/자산관리)

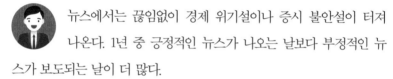
뉴스에서는 끊임없이 경제 위기설이나 증시 불안설이 터져 나온다. 1년 중 긍정적인 뉴스가 나오는 날보다 부정적인 뉴스가 보도되는 날이 더 많다.

투자자의 입장에서 이런 뉴스들은 마음을 불안하게 하고 걱정되기도 한다. 그렇게 뉴스를 양치기 소년으로 인식하고 공격적인 투자를 했다가 진짜 경제위기가 찾아온다면 그 손실은 이루 말할 수 없다.

"매일매일 왜 이렇게 안 좋은 뉴스만 나오는 걸까요? 나 같은 비전문가가 보기엔 매번 이랬다가 저랬다가 하는데 도대체 어느 장단에 맞춰서 춤을 춰야 할지 모르겠어요.

작년만 해도 내년에 코스피 3,000P 간다고 매일 기사를 쏟아내더니 올해 연초 되니깐 글로벌 무역 전쟁이다, 금리 인상불안이다 해서 증시가 폭락할 거라고 계속 뉴스가 나오네요.

이건 투자를 하라는 건지 말라는 건지. 이러다가 진짜 예전 IMF나 리먼사태 같은 일이 일어나며 폭락하는 건 아닌가 걱정되기도 해요.

마음 편히 투자 좀 했으면 좋겠어요. 혹시 경제위기에도 끄떡
없는 투자전략 있을까요?"

사실 경제위기가 감지되면 바로 현금화하는 것이 좋다. 그러나 어디
그것이 쉽게 알 수 있겠는가? 목돈 저위험 투자방법을 응용하는 것도
좋지만 내가 제일 좋아하는 core-satellite (핵심-위성) portfolio 전략을
소개한다.

투자자산의 70%로 core 투자를 하고 30%로 satellite 투자를 하는
것이다. 70%의 투자자산은 장기적이고 안정적인 투자를 하고, 나머지
30%로 단기적으로 추가 수익을 추구하면서 core와 satellite의 비율을
계속 유지하는 것이다.

다음은 core-satellite 전략의 예와 1,000만원 투자 예시이다.

	core	satellite
예 1	인덱스(지수) 펀드	액티브 펀드
예 2	배당형 펀드	중소형주 펀드
예 3	금, 달러, 현금	투자자산(부동산, 증권)

첫 해

리밸런싱
7:3

core
700만원
배당형 펀드

배당형 펀드 연 5% 수익
700만원 → 735만원

satellite
300만원
중소형주 펀드

중소형주 펀드 연 15% 수익
300만원 → 345만원

둘째 해

core
756만원
배당형 펀드

satellite
324만원
중소형주 펀드

이렇게 투자하면 폭락 시에는 다른 자산보다 덜 하락하고 상승 시에 더 빠른 상승도 가능하다. 그리고 악재로 인한 폭락 시기에는 core 자산을 현금화하여 내실 있고 탄탄한 대상을 찾아 집중적으로 투자한다면 경제위기 회복 시에 더 나은 수익을 기대할 수 있다.

다르게 보면 경제위기를 두려워하는 것이 아니라 즐길 수 있는 투자이다. 남들이 울상 지을 때 바겐세일 된 투자대상을 매입함으로써 자산을 크게 증식시킬 절호의 기회이기 때문이다.

그러나 그 시점이 언제 올지 모르기 때문에 평상시에 이 전략으로 투자하면서 적정 시점을 기다리는 방법이다. 이 방법의 투자자에게는 경제 위기가 찾아오는 것이 어쩌면 매우 반가울 것이다.

☑ **POINT** _____

모두가 주가 상승에 대한 기대감으로 들떠 있을 때 투자하는 것보다 증시 폭락에 대한 공포감으로 가득 차 있을 때 증시에 투자하는 것이 오히려 더 안전한 투자방법이다.

주식 폭락시기에
펀드수익률 관리방법

뉴스를 보니 증시 폭락이라던데 펀드 모두 해지해야 할까요?

(30/이수정/회사원/여자/자산관리)

아침에 신문을 펼쳤다. 오랜만에 증시 위기설이 신문 한 면 전체에 보도됐다. 미국 금리 인상에 대한 영향 때문이다. 이제 며칠 후면 쇼크, 패닉, 폭락 등 뉴스 폭격이 시작될지도 모른다. 그리고 다양한 뉴스 기사들로 그에 대한 의견이 쏟아지며 공포 분위기가 생길 것이다.

아마도 내일부터 뉴스를 접한 고객의 문의가 쏟아질 것 같다. 늘 있는 일이다. 그리고 얼마 후 아무 일도 없었던 듯 뉴스는 장밋빛 전망을 보도할 것이다.

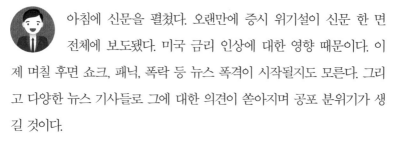

"어떻게 하죠? 지금 큰일 난 거 아니에요? 빨리 돈 다 빼야 하는 거 아닐까요? 이러다 돈 다 날리면 어떻게 해요. 그리고 자산관리사님에게 가입한 펀드 말고 은행에서 가입한 펀드가 있는데 그것들도 다 해지하고 빼야겠죠?

지금 뉴스들 보니까 난리던데 놀래서 얼른 전화했어요. 그리고 혹시 시간 되시면 제가 은행에서 가입한 펀드도 함께 봐주시

면 안 될까요? 좀 부탁드려요. 그 펀드에 있는 돈도 다 사라질까 겁나서 죽겠어요."

자산관리를 시작한 지 2년 미만의 고객들에겐 이런 전화가 자주 온다. 특히 뉴스에서 부정적인 기사들을 보도할 때마다 함께 자산관리해온 기간이 짧은 고객일수록 다급한 목소리로 재빨리 내게 전화한다.
정말 내 금융자산에 급격한 피해가 생기고 뉴스처럼 큰일이 생기는 것일까? 펀드를 빨리 다 해지해야 할까?

해지 문의는 이런 경기 하락 뉴스에만 있는 것이 아니다. 반대로 펀드 수익이 단기간에 높아져도 마찬가지다.
금방 다시 수익률이 하락할 것 같다며 지금 수익만이라도 챙기기 위해 해지해야 하는 거 아니냐며 불안한 목소리로 전화가 온다.
이상하지 않은가? 고객은 수익이 상승할 때도 하락할 때도 걱정 섞인 목소리로 전화를 걸어온다. 다음 세 지표를 살펴보자.

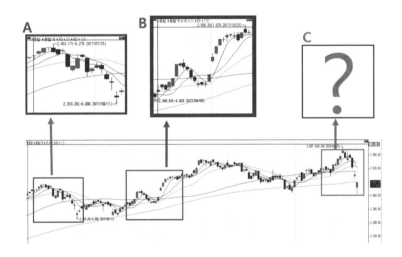

A나 B를 보면 결국 전체의 일부분일 뿐이다. 경제 시스템의 구조로 결국 주가는 우상향한다. 영원한 상승도 없고 영원한 하락도 없다.

그렇다면 C의 이후는 어떤 모습일까? 정답은 알 수 없다. 하지만 확실한 것은 투자시장은 상승과 하락을 반복하며 사이클(주기)을 만들어내는 것이고, 시간이 지남에 따라 결국은 계속 상승한다.

기간을 정확하게 예측할 순 없지만 하락 뒤엔 분명히 다시 상승한다. 펀드투자를 결심했다면 적어도 3년의 여유는 갖고 있어야 한다. 정상적인 기준으로 선택한 펀드일 경우라면 하락했던 펀드는 시간이 지남에 따라 하락 전 가격으로 회복된다.

하지만 대부분의 투자자는 펀드가 하락한 상태에서 더 이상 기다리지 못하고 환매*하여 마이너스 수익을 확정 짓는다. 내 돈이 없어져 버릴 것 같은 심리적 압박감을 견디지 못해서다.

내가 고른 펀드가 다른 펀드보다 수익률이 뛰어난 펀드가 아니라 단지 주가지수와 동일하게 움직이는 정도라도 하락구간을 지나 펀드를 가입한 날의 주가 수준만 회복해도 손해는 아니다.

다음 페이지 그림처럼(↑ 화살표) 꾸준히 나누어서 펀드(월적립식)에 납입했다면 빨간색 면적만큼은 당신의 이익이라고 볼 수 있다. 그런데 만일 당신의 펀드가 주가지수보다 나은 결과를 내는 펀드라면 수익률은 더욱 높아질 것이다(KOSPI**주가지수를 갈무리한 화면이다).

---

* 매수한 펀드를 다시 되팔아 현금화하는 것이다.
** KOSPI는 국내 종합주가지수. 증권거래소에 상장된 종목들의 주식 가격을 종합적으로 표시한 수치이다.

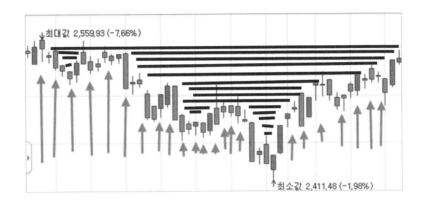

최대값 2,559.93 (-7.66%)

최소값 2,411.48 (-1.98%)

IMF, 미국의 리먼 사태, 유럽 위기 때도 주가는 하락했지만 그 이후에 큰 수익을 맛본 사람이 많다.

왜 손해가 아닌 큰 수익을 얻었을까? 우리는 펀드수익률이 하락할 때 어떻게 대처해야 좋을까?

대답은 간단한다. 뉴스에서 폭락이나 위기라는 단어가 들리면 먼저 가입한 펀드를 살펴보자. 최근보다 하락폭이 크면 클수록 나에게 수익률을 높일 기회라고 생각하자. 그리고 비상금이나 여유자금을 나눠서 추가 투자한다. 적립식 펀드라면 1~2개월분을 추가납입하면 된다.

그 시점이 최저점이면 더욱 좋고 최저점이 아니라도 상관없다. 추가납입을 하고 기다리면 펀드 가입 시점만큼 주가가 회복했을 때 그 하락한 수익률만큼(그 이상이 될 수도 있다) 추가수익을 얻을 수 있다. 그 기다림은 생각보다 길지 않다. 보통 길면 5년, 짧으면 1~2년이면 회복된다.

만일 추가납입 이후 주가가 더 하락하면?

또 추가납입하자. 대신 첫 번째 추가납입한 시점과 시간 차이는 필요하다. 하락폭이 금세 더 커질지 모르기 때문에 급하게 할 필요는 없다.

이벤트	기간	개월	하락폭(%)
인플레이션 텐트럼	2018.02.01 ~	–	–
미국 1차 금리인상	2015.12.16 ~ 2016.02.11	1.9	−11.8
위안화 절하	2015.08.17 ~ 2015.09.28	1.4	−10.5
유가 급락	2014.09.18 ~ 2014.10.15	0.9	−7.4
테이퍼링 텐트럼	2013.05.22 ~ 2013.06.24	1.1	−5.8
남유럽 재정위기	2012.05.01 ~ 2012.06.01	1.0	−9.1
미국 신용등급 강등	2011.07.07 ~ 2011.10.03	2.9	−18.8
그리스 사태	2010.04.23 ~ 2010.07.05	2.4	−16.0
평균		1.7	−11.3

* 자료: Bloomberg

　우리는 수시로 가격이 변하는 주식에 투자하여 잦은 매매를 하는 것이 아니라 펀드투자를 한 것이다. 목표 기간을 정하고 적합한 업종이나 투자 분야를 선별한 후 매력적인 펀드를 골라 포트폴리오를 구축하여 투자하는 것이다.

　그 기간 동안은 매일 움직이는 수익률에 신경 쓸 것이 아니라 저축 금액을 늘리는 데 신경 써야 한다. 펀드수익률이 변해도 환매를 해야 수익률을 확정 짓는 것이다. 즉, 목표기간에 도달했을 때만 플러스 수익률이 나면 된다.

　중간의 변동성에 일일이 신경 쓰고 스트레스받으며 일상생활에 영향 받을 필요가 없다. 하지만 많은 사람이 일희일비하며 본업에 집중할 시간을 빼앗긴다. 우리가 투자하는 것은 돈을 일하게 만들어 자산을 늘리고, 물가상승률을 뛰어넘을 수 있는 수익률을 만들고자 함이다. 수익률을 높이기 위해 내가 애쓰며 일하기 위함이 아니다.

펀드를 신중하게 선택하여 포트폴리오를 구성했다면 주가 하락 시에 추가납입에 신경 쓰고 목표 기간 도달 전 수익률에 너무 집착하지 말자. 불안감에 투자를 멈추게 된다면 오히려 도움은커녕 손해만 끼치게 되기 때문이다.

☑ POINT ─────────────────────────────

만약 당신이 치킨집을 개업했다고 생각해 보자. 주문이 많은 날도 있지만 분명 주문이 적은 날도 있다. 주문이 적은 날은 그날의 운영비용만큼의 이익이 안 날 수 있다.

이익이 많은 날도 있고 적은 날도 있기 때문에 1년의 흐름을 살펴봐야 장사가 잘되었는지 알 수 있지 않을까? 장사가 며칠 잘되었다고 바로 가게를 늘리거나 매출이 적다고 가게 문을 닫지는 않는다.

펀드투자도 마찬가지다. 단기간의 변동성이 중요한 것이 아니라 계획된 투자 기간을 잘 견디고 환매를 했을 때의 최종 수익률이 중요하다.

월 1만원으로 시작하는
투자성공법

소액도 펀드투자할 수 있을까요?

(30/권윤희/회사원/여자/자산관리)

기존 고객의 펀드 가입 상담을 하러 갔는데 고객의 친구와 함께 이야기를 나누게 되었다.

"갑작스레 이렇게 함께 와서 죄송해요. 편하게 상담을 잘해 주신다고 친구가 자랑해서 궁금한 것들을 여쭤보고 싶었어요.

사회생활 시작하며 계속 적금만 붓다가 이율이 점점 낮아져 서 지인을 통해 계를 하고 있어요. 그런데 계는 매번 조건이 바뀌기도 하고 개인들이 모여서 하는 거라 불안하거든요. 이럴 바에 차라리 제대로 된 저축 방법이 없을까 찾아보던 중 펀드가 가장 접하기 쉬운 금융상품이란 생각이 들었어요.

이제 계 그만하고 펀드를 좀 해 보고 싶은데요. 사실 처음 시작하다 보니 적금하고 계하는 거 전부 다 펀드로 갈아타긴 좀 겁이 나서요. 일단 조금만 시작해 보고 괜찮으면 다음에 제대로 해 보고 싶은데 그렇게 가능할까요?

저는 금액을 작게 생각하고 있는데 소액도 펀드투자할 수 있

을까요? 은행가서 물어보려다 왠지 너무 소액이라 민망해서요.
10만원도 가능해요?"

펀드투자는 소액도 가능하며 1만원부터 납입할 수 있다. 은행이나 증권사 창구에 가서 펀드 가입할 때 소액이라고 부끄러워할 필요가 없다.

펀드는 적금처럼 가입하는 상품이 아니다. 내가 매수할 펀드의 종류를 정해 펀드계좌를 만들고 매월 정해진 금액이 자동이체되도록 자동이체 서비스를 신청하는 것이다.

예를 들어 은행 적금의 경우 3년 만기 상품에 가입한다면 매월 납입금액을 36회 납입해야 한다. 중간에 금액 변동이 불가능하다.

하지만 펀드는 가능하다. 자동이체 설정을 해놓은 것이지 해당 금액으로 계약한 것이 아니기 때문이다. 이번 달은 10만원 냈는데 다음 달은 30만원 내고 6개월 뒤에는 1만원만 내는 걸로 변경할 수 있다.

즉, 자유 적금과 비슷한 형태다. 자동이체만 변경하면 된다. 그렇다고 불규칙한 저축을 권장하는 것은 아니다. 저축은 정해진 금액으로 꾸준히 하는 것이 좋다.

펀드 가입 방법은 은행이나 증권사 창구를 통해 가입하거나 인터넷으로도 가입할 수 있다. 대부분은 처음 펀드계좌를 만들 때 한 펀드당 1만원으로 가입하고 자동이체로 매월 저축할 금액을 설정한다. 펀드계좌가 만들어지면 그 뒤에 자유 납입을 하는 사람들도 많으므로 창구에서 소액으로 가입하여도 전혀 이상하게 생각하지 않는다.

권윤희 님은 10만원으로 다양한 펀드를 가입하고 싶으나 두려워해서 2만원씩 5개의 펀드에 총 10만원을 해 볼 것을 권유했다. 원금보장이 안 되는 펀드의 손실 가능성을 우려했기 때문이다. 하지만 매월 10만원 정도라면 손실이 있어도 충분히 견딜 수 있다고 하였다. 그래서 상담 결과로 10만원을 투자하기로 결정했다(고객 중에는 매월 5만원씩 투자하는 고객도 있다).

서로 특징이 다른 5개의 펀드로 2년간 가입하였다. 그 2년 동안 펀드가 오르락내리락하는 모습을 관심 있게 지켜보며 5개의 펀드(다양한 특징의 여러 종류가 있다)가 어떻게 다르게 움직이는지 살펴보면 공부가 될 것이다.

목표수익률도 정하여 2년 안에 목표수익률에 도달하면 전부 환매하기로 해서 펀드 가입부터 환매까지 전부 경험해 보기로 하였다. 그리고 2년 뒤부터 저축금액 중 펀드의 비율을 조금씩 높여보기로 약속하고 상담은 종료되었다.

실제로 2년 뒤가 아니라 10개월 만에 펀드는 목표수익률을 달성하여 환매를 경험하게 되었고 총 저축금액 중 단기자금을 제외하고 전부 펀드투자를 하게 되었다.

☑ POINT _____

천 리 길도 한 걸음부터라고 하였다. 현재 저금리에 불만족스럽다면 다양한 재테크를 공부하여 조금씩 시도해 보라. 아무것도 변하려 하지 않고 어제와 같은 오늘을 보내면서 불만만 토로한다면 당신의 미래는 바뀌지 않는다.

아인슈타인은 아무것도 하지 않으면서 바뀌기를 바란다면 정신병자라고 하였다. 부동산은 목돈이 들어가지만, 금융재테크는 1만원이면 충분하다. 1만원으로 시작해 보지 않겠는가?

중요한 것은 수익률이 아니라 자산증가율이다

  저축 계획을 세울 때 수익률은 어떻게 반영하는 게 좋을까요?

(30/이선미/의사/여자/자산관리)

고객과 대화를 하다 보면 수익률에 얽매이는 사람이 많다. 그래서인지 고수익이 난다는 곳에 투자를 많이 한다. 하지만 투자가 내 기대처럼만 되던가. 예상 수익률에 대해 확신하고 계획을 세웠는데 결과가 예상과 다르면 다른 계획에도 악영향을 미쳐 힘들어진다.

행동재무학에서는 투자를 한 경우, 자신의 투자를 긍정적으로 확신하는 경향이 많다고 한다. 그중 본인의 재정상황을 엑셀로 관리해온 꼼꼼한 성격의 고객과 나눈 대화를 소개한다.

"앞으로 목돈이 필요한 일들 때문에 저축 계획을 세우려고 하는데 한번 봐주시겠어요?

지금까지 정리해둔 과거 데이터와 미래 예상 데이터예요. 그런데 고민은 기존에 투자한 상품들을 어떻게 입력해야 할지 판단하기 어려워요. 제가 한 투자들이 미래 수익이 얼마가 될지 잘 모르겠어요. 저축 계획을 세울 때 수익률을 어떻게 반영하는 게 좋을까요? 예·적금처럼 확정적인 것도 아닌 이 투자들의 수익률은 몇 %나 될까요? 그래도 투자수익률이 3년간 20% 정도는 되어야 하는데 그렇게 되겠죠?

그 정도로 예상하고 계획했거든요. 그 정도는 되어야 제 이사 계획에 문제가 안 생기거든요."

이 사례처럼 '3년 뒤 이사 목적으로 3,000만원을 모은다'는 저축 계획을 세운다고 가정을 하자.

보통 고객들은 '내가 주식형 펀드를 적립식으로 월 80만원을 저축하면 수익도 좀 생길 테니 3년 뒤에 3,000만원이 되겠지?'라고 생각한다.

	원금	수익	합계
일반적인 계획	2,880만원	120만원	3,000만원
추천하는 계획	3,000만원	±@	3,000만원+@@

그런데 3년 뒤에 수익률이 기대만큼 안 된다면 부족한 돈은 대출을 받거나 다른 곳에서 무리하게 가져와야 한다. 그리고 심한 스트레스를 받게 된다. 투자에 대해 후회도 하고 비관도 하고 마음이 상한다.

그러나 사실 처음부터 잘못된 계획이었다. 투자계획을 세울 땐 +@부터 보지 말고 물가상승률보다 나은 정도의 기대치만 갖는 것이 좋다. 수익률이 더 높게 난다면 '감사'하는 마음을 갖고, 낮으면 높게 만들기 위해 '노력'하면 된다. 그래서 계획을 세울 때는 '원금' 기준으로 해야 한다.

3년 뒤 3,000만원이 필요하다면 3년간 총 저축원금을 그만큼 준비하겠다고 계획해야 한다. 기대수익을 반영하지 않고 하는 것이 좋다. 투자수익률도 해당 상품군의 평균적인 기대수익률이나 물가상승률을 약간

웃도는 정도만 기대하라.

가끔 상품을 판매하는 영업인의 장밋빛 전망에 대해 깊게 공감하고 환상적인 미래를 꿈꾸는 고객을 만날 때가 많다. 하지만 나에게 정말 중요한 재무적 이벤트를 계획하는 데 불확실한 기대감만으로 해서는 안 된다. 올바른 방법으로 분산을 하거나 세세한 분석으로 미래가치가 유망한 곳에 잘 투자했다면 결과는 기다려야 하는 것이다.

즉, 내가 통제할 수 있는 영역이 아니다. 원금 기준으로 계획을 세우고 수익은 따라오는 것이다. 기대감을 높게 갖는다고 해서 수익률이 높아지지는 않는다.

상담고객에게 저축 계획을 세울 때 가장 강조하는 것이 있다. 수익률을 높이려고 기대수익이 높은 곳을 찾으려 애쓰지 말고 저축액을 늘리기 위해 노력하라고 한다. 수익률은 내가 통제할 수 없지만 저축액은 내가 통제할 수 있기 때문이다.

예를 들어, 현재 매월 30만원을 저축하고 있는데 나의 의지로 30만 원을 더 저축한다면 자산 증가수익률은 100%다. 그런데 투자로 나의 자산증가율을 100% 늘리기는 정말 어렵다. 만약 100만원을 저축하고 있다면 10만원만 더 해 보자. 그러면 수익률 10%처럼 연 자산 증가율 10%는 확정이다. 100%가 무리라면 10%라도 시도해 보자.

☑ **POINT** _____

저축 계획을 세울 때는 수익률이 아니라 원금 기준으로 해야 하고 투자수익률 10% 올리기보다 저축액 10% 올리기에 더 신경 쓰자.

명심해야 할 것은 투자수익률이 아니라 자산증가율이다.

내 돈 정확히
계산하는 방법

적금수익률과 펀드수익률, 수익률은 같은데 왜 수익금이 다르죠?

(31/박영민/직업군인/남자/자산관리)

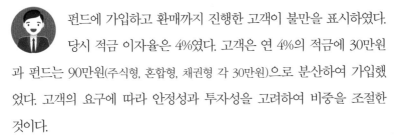

펀드에 가입하고 환매까지 진행한 고객이 불만을 표시하였다. 당시 적금 이자율은 4%였다. 고객은 연 4%의 적금에 30만원과 펀드는 90만원(주식형, 혼합형, 채권형 각 30만원)으로 분산하여 가입했었다. 고객의 요구에 따라 안정성과 투자성을 고려하여 비중을 조절한 것이다.

1년 뒤 적금은 이자율 그대로 진행되었고 펀드투자는 주식형 12%, 혼합형 8%, 채권형 4%의 수익률이 달성되었다. 불만의 내용은 이러했다.

"주식형과 혼합형 펀드의 수익률은 생각한 것보다 높지는 않지만 그래도 나쁘지는 않네요. 이 정도면 물가상승률은 충분히 뛰어넘고 은행 이자율보다 높은 수익률이네요.

그런데, 채권형 펀드는 이게 뭡니까? 물론 안정성과 유동성 때문에 변동성이 적은 펀드를 선택한 건 알겠는데요. 그래도 너무 마음에 안 드네요. 내가 위험을 감수하면서 투자를 한 건데 위험이 없는 적금이랑 수익률이 똑같다니 괜히 했어요. 차라리 이럴 바에 채권형 펀드 대신에 적금이나 더 할 걸 그랬어요.

　　그리고 계산해 보니 좀 이해가 안 돼요. 적금수익률과 펀드수익률, 둘 다 4%로 수익률은 같은데 왜 수익금이 다르죠? 이상하네요."

고객의 의견을 들으니 충분히 이해가 갔다. 변동성이 적다 해도 위험이 있는 투자상품에 투자한 건 위험이 없는 상품보다 좋은 결과를 기대하고 했을 것이다. 그런데 결과가 동일하다니 위험을 감내한 보람이 없는 것이다.

　　그러나 박영민 님은 계산법이 잘못되었다는 사실은 알지 못했다. 그래서 차근차근 설명해 드렸다.

여기서 말한 적금수익률 4%와 펀드수익률 4%는 숫자만 같을 뿐 의미가 전혀 다르다. 적금의 경우 가입시점에서 적용되는 수익률이고 펀드의 경우는 돈을 찾는 시점의 수익률이다. 다음 그림을 보면 좀 더 이해하기가 쉽다.

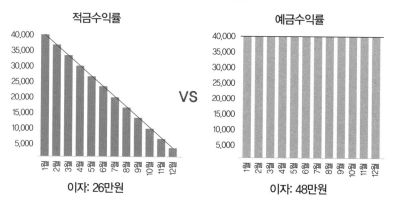

· 이자 수익 계산법 ·

원금총액 1,200만원 / 이자율 4%

적금수익률　　　　　VS　　　　　예금수익률

이자: 26만원　　　　　　　　　이자: 48만원

먼저 적금과 예금을 예시로 살펴보자. 월 100만원씩 적금에 가입하여 1년 뒤 1,200만원의 원금을 만들었을 경우와 처음부터 1,200만원으로 예금에 가입했을 경우이다.

상품에 가입하고 1년 뒤를 살펴보면 원금은 동일하게 1,200만원이지만 이자는 전혀 다르다. 막대그래프의 높이를 합한 면적이 이자수익이다. 면적 모양이 적금은 반사각형인 직삼각형이고 예금은 사각형이다.

적금은 1월에 납입한 돈은 12개월분의 이자를 받지만 2월에 납입한 돈은 11개월분의 이자를 받는다. 같은 계산 방식으로 12월에 납입한 돈은 1개월분의 이자만 받는다. 1년 단위의 계산이 아니라 개월에 따라 이자를 계산하는 것이다.

그림을 그려보면 사각형 면적이 아니라 절반인 직삼각형의 이자를 받게 된다. 그러나 예금은 처음부터 1,200만원이 있었기 때문에 원금 1,200만원의 12개월(1년) 전체의 이자를 받아 사각형 면적 전체만큼이 수익률이다.

펀드는 예금과 같은 방식이다. 적금은 가입시점의 수익률이지만 펀드수익률은 환매(돈을 찾는)시점의 총 원금과 총 수익금을 계산하여 나타낸다. 그래서 펀드와 적금의 수익률은 보이는 수익률 수치로 비교하면 정확한 비교가 되지 않아서 수익금(이자)으로 비교해야 한다. 결과적으로 적금과 펀드의 수익률이 동일하지만 수익금은 전혀 달랐던 것이다.

이 고객의 투자를 다시 살펴보자. 적금 4%에 대한 수익금은 결과적으로 원금 전체의 약 2%(수익률)이었으므로 펀드수익률 4%와는 두 배가 차이 난다. 고객의 불만처럼 위험을 감수하였음에도 동일한 수익률이 달성된 것이 아니라 두 배의 차이가 있었다. 계산법을 잘 몰라서 오해한 것이다.

그렇다면 12%의 주식형 펀드는 몇 %의 적금수익률과 동일할까? 바로 24% 적금에 가입하였을 때 받을 수 있는 이자수익과 동일하다. 8% 수익률을 달성한 혼합형 펀드는 16% 이율의 적금상품에 가입하였을 때 받는 이자와 동일한 결과를 만들어 낸 것이다.

즉, 4%의 적금의 실질 수익률은 2%였으므로 펀드투자 결과는 적금 수익률보다 2배, 4배, 6배였다.

☑ **POINT**

겉으로 보이는 수익률이 진짜가 아니다. 정확한 수익률을 볼 수 있어야 한다. 겉만 보고 판단하는 착각은 부동산 투자 결과를 이야기할 때도 많이 볼 수 있다. 만약 누군가 "1억 투자해서 3,000만원 벌었어!"라고 말하는 소릴 들었다면 30%라고 부러워할 것이 아니라 총 투자기간이 얼마나 되는지, 세금과 비용을 공제한 계산인지 아닌지, 대출이 반영된 결과인지 등 다양한 조건을 종합적으로 고려해야 한다.

많은 고객이 "아는 지인은 부동산에 1억 투자해서 3,000만원 벌었대요. 부러워 죽겠어요."라고 이야기한다. 자산관리를 잘하고 싶다면 보이는 겉모습에 현혹되지 말고 정확한 돈 계산을 하자.

세금으로부터
내 돈 지키기

금융상품에서 세금이 중요한가요?

(31/송아람/회사원/여자/자산관리)

'세금'은 부동산 투자할 때나 중요하고 '금융'에서는 별거 아니라고 생각하는 이가 의외로 많다. 특히, 급여소득자들의 상당수는 매월 월급에서 공제되는 '근로소득'에 대해서는 굉장히 민감하지만 '금융'으로 인해 발생하는 세금에 대해서는 주의를 기울이지 않는다.

조금만 더 신경 쓰면 적지 않은 돈을 세금으로 내지 않을 수 있음에도 '나와는 상관없는 일'이라는 편견 때문에 손해를 보는 일은 의외로 많다. 송아람 님도 그렇게 생각하고 있었다.

"자꾸 상담받는 곳마다 세금을 설명하는 데 사실 저는 공감이 안 돼요. 부동산 투자하는 분들이야 세금 줄이려고 많이 노력하는 건 들어봐서 알아요. 그런데 자산가도 아니고 회사에 다니는 평범한 제가 세금이랑 얼마나 관련 있다고 자꾸 그렇게 말씀하는지 모르겠어요.

월급에서 나가는 세금 말고, 그래 봐야 적금 가입할 때 이자소득세인데 그거 얼마 안 되던데요. 정말 금융상품에서 세금이

그렇게 중요한 건가요?"

금융상품과 관련 있는 세금은 크게 종합소득세, 이자 및 배당 소득, 연금소득세 이렇게 세 가지다.

첫째, 종합소득세부터 알아보자. 만약 내가 근로소득(연봉)이 4,000만원이고 펀드투자로 3,000만원의 소득(이익)을 얻었다고 하자. 펀드투자로 얻은 이자 및 배당소득 3,000만원 중 1,000만원은 종합과세 대상이다. 금융소득 2,000만원 초과부터 과세 대상이기 때문이다.

제55조【세율】
① 거주자의 종합소득에 대한 소득세는 해당 연도의 종합소득과세표준에 다음의 세율을 적용하여 계산한 금액(이하 "종합소득산출세액"이라 한다)을 그 세액으로 한다. (2017. 12. 19. 개정)

종합소득과세표준	세율
1,200만원 이하	과세표준의 6퍼센트
1,200만원 초과 4,600만원 이하	72만원 + (1,200만원을 초과하는 금액의 15퍼센트)
4,600만원 초과 8,800만원 이하	582만원 + (4,600만원을 초과하는 금액의 24퍼센트)
8,800만원 초과 1억5천만원 이하	1,590만원 + (8,800만원을 초과하는 금액의 35퍼센트)
1억5천만원 초과 3억원 이하	3,760만원 + (1억5천만원을 초과하는 금액의 38퍼센트)
3억원 초과 5억원 이하	9,460만원 + (3억원을 초과하는 금액의 40퍼센트)
5억원 초과	1억7,460만원 + (5억원을 초과하는 금액의 42퍼센트)

근로소득 4,000만원 + 금융소득 1,000만원 = 5,000만원
⇒ 종합소득세 5,000만원 × 24% = 1,200만원 − 522만원(누진공제액)
⇒ 세금 = 678만원

그런데 만일 이자 및 배당소득이 500만원의 이익이 덜 나서 2,500만원이었다면 세율은 24%가 아니라 15%를 적용받아서 567만원이다. 즉, 금융소득이 500만원 높기 때문에 세금을 111만원이나 더 냈다. 우리가 흔히 알고 있는 이자소득세 15.4%보다 훨씬 높다.

이는 금융소득이 2,000만원이 넘어가면 종합소득으로 합산되어 계산되기 때문이다. 만약 펀드 환매시기를 조절하였다면 세금은 달라졌을 것이다. 다음은 다른 공제는 없다고 가정한 표이다.

근로소득(연봉)	4,000만원	
금융소득(2,000만원 초과분)	3,000 − 2,000 = 1,000만원	2,500 − 2,000 = 500만원
합산소득	5,000만원	4,500만원
소득세율	24% 구간	15% 구간
소득세	678만원	567만원

둘째, 이자 및 배당 소득에 대해 알아보자.

이 부분은 단기간엔 그리 관심이 가지 않을 수도 있다. 그러나 살아가며 계속 저축하기 때문에 1~2년이 아닌 긴 안목으로 판단해야 한다.

만약 30세부터 60세까지 매월 100만원을 2%의 이율로 저축한다고 가정해 보자(보통의 사람들이 매월 100만원은 저축을 한다고 가정). 과세와 비과세의 차이는 얼마나 될까?

복리와 현재의 이자소득세 15.4%를 적용한다면 4,045만원까지 차액이 발생한다. 혹시 이자소득세율이라도 올라간다면 큰일이다. 적금이율 2%가 아니라 펀드투자로 인해 수익률이 5%가 된다면 2억 2,964만원이 차이 난다. 과세냐 비과세냐의 차이일 뿐이다. 1년은 차이가 느껴지지 않을지도 모르지만 우리가 앞으로 계속 저축을 한다고 가정한다면 엄청난 차이를 느낄 수 있다.

	단리(세금 있음)	단리(세금 없음)	복리(세금 없음)
원금	36,000만원	36,000만원	36,000만원
원금 + 이자 = 총금액	45,162만원	46,830만원	49,207만원
순 이자수익	9,162만원	10,830만원	13,207만원

셋째, 연금소득세에 대해 알아보자.

연금은 지금 세액공제가 되고 추후 연금소득세를 내는 상품과 지금은 세액공제가 안 되지만 미래에 연금 수령 시 연금소득세가 면제되는 비과세 상품으로 나뉜다. 많은 사람이 연금소득세에 대해 너무 간과한다. 얼마나 발생할지 한번 예상해 보자.

개인연금 소득에 대하여 연간 수령 금액이 1,200만원이 안 된다면 3~5%의 연금소득세가 발생한다. 그런데 1,200만원이 넘으면 첫 번째처럼 종합소득세에 합산된다. 게다가 국민연금 소득도 함께 계산되며 소일거리를 통한 근로소득이나 부동산 소득, 사업소득, 이자소득, 배당소득이 있으면 모두 합산되어 세금(누진세율)을 내야 한다.

노후 생활을 상상해 보자. 100만원의 연금소득만으로는 생계를 유지하기가 어렵기 때문에 연금을 포함한 소득은 월 100만원 이상일 것이다. 노후에 세금 때문에 개인연금을 100만원 이하로 받고 싶은 사람은 많지 않을 것이다. 나부터 많이 받을수록 좋다고 생각한다.

이 세 가지가 대표적인 금융상품으로 발생할 수 있는 세금이다. 물론 현금으로만 자산을 모으거나 금융상품이 아닌 다른 방법으로 자산을 모은다면 해당 사항이 없겠지만 그것 역시 쉽지 않은 일이다.

만일 비과세 상품이나 절세 상품을 잘 이용한다면 이 세금들을 피하거나 줄일 수 있다. 그런 상품들은 단점도 있다. 세제혜택이 있는 대신에 장기간 돈을 찾을 수 없는 유동성의 단점이 있다.

항상 선택해야 한다. 당장 눈앞의 유동성과 소비를 위해 세금을 내는 방법을 선택할지, 무시할 수 없는 세금을 아끼고 그만큼 자산을 늘리기 위해 인내심으로 유동성과 소비를 포기해야 할지 말이다.

장단점이 있으나, 내 자산을 키우기 위해서는 세금(비용)을 절대 간과해서는 안 된다. 그렇다고 세제혜택이 있고 유동성이 없는 금융상품들로만 포트폴리오를 구성한다면 단기간 내에 필요한 돈을 사용할 수 없으니 적절하게 구성해야 한다. 꼼꼼하게 잘 따져보고 조금이라도 나은 방법으로 나의 미래를 준비해 보자.

☑ POINT

세금을 별거 아니라고 생각해서는 안 된다. 근로소득만큼이나 금융상품으로 인해 발생한 세금도 중요하다.

사람이 절대 피할 수 없는 건 죽음과 세금이라고 한다. 자산이 큰 사람들만의 고민거리라고 생각하지 말고 미래의 자산가인 나를 위해 지금부터 현명하게 준비하자.

부자나 고소득자 또는 자산관리를 잘하는 사람은 장기적인 안목으로 세금부터 장기 운용전략까지 살펴보고 의사결정을 하지만 그렇지 못한 계층의 사람은 눈앞의 결정에만 급급하여 소탐대실한다.

발쭉펴고잘수있게만드는
평균매입단가투자방법

펀드 납입할 때 매월 정해진 날이 아니라 제가 알아서 납입하면 안 될까요?

(31/김영희/강사/여자/자산관리)

펀드의 가입방법에는 크게 세 가지 방법이 있다. 매월 고정금액을 꾸준히 납입하는 월 적립식과 목돈을 한 번에 납입하는 거치식이 있다. 마지막으로 정해진 금액이나 시기에 상관없이 납입하는 임의식(자유적립식의 납입방법과 같다)이 있다.

펀드 상담을 마친 후 가입 안내를 할 때 10명 중 3명은 매월 정해진 날짜에 납입하는 방식이 싫다고 한다.

"펀드는 어차피 계속 가격이 변하는 특징이 있는데 매월 고정 날짜에 납입하면 오히려 손해 아닌가요? 그 날짜마다 펀드 가격이 높은 편에 속한다면 전 그만큼 수익률에서 손해인 거 같은데요. 꼭 그렇게 해야 하나요?

차라리 펀드 가격이 변하는 걸 보고 가격이 낮을 때마다 납입하고 싶습니다. 그래야 수익률도 더 높아지죠. 펀드 납입, 매월 정해진 날이 아니라 제가 하고 싶을 때 납입하면 안 될까요?"

고객이 그렇게 생각하는 것도 이해된다. 하지만 여기엔 몇 가지 오류가 있다.

1. 매수 신청 시 매입은 당일에 이루어지는 것이 아니다. 국내 펀드의 경우, 오늘 펀드 가격이 떨어져서 돈을 납입하고 당일 15시 30분 이전에 매수 신청을 하면 내일 기준으로, 15시 30분 이후라면 2일 뒤 기준가격으로 매입이 이루어진다.

해외 펀드의 경우는 시간이 더 필요하다. 돈을 납입하고 매입까지의 시간 동안 변동되는 가격 차이는 어떻게 계산할 것인가? (환매의 경우도 시간차가 발생하는 건 마찬가지다.)

2. 간접 투자의 장점이 사라진다. 펀드에 투자하는 이유는 투자에 신경을 덜 쓰고 편하게 투자하기 위해서다. 그래서 비용을 내고 펀드매니저에게, 금융회사에 위탁하는 것이다. 그런데 마치 주식처럼 실시간의 투자시기를 맞춰 하려 한다면 굳이 간접 투자를 할 필요가 없다. 차라리 직접 투자를 하는 것이 낫다.

3. 타이밍을 정말 잘 맞출 수 있을까? 작은 변동성까지도 수익화하기 위해 타이밍을 맞추려 하는 건데 정말 가능한 방법일까? 타임머신이 있다면 모르겠지만 불가능하다고 본다. 전문가들도 장기적 분석이 아닌 단기적 분석은 어려워한다. 그만큼 예측하기가 힘들다.

그런데 일상생활을 하며 간접 투자하는 개인투자자가 그 타이밍까지 맞추는 것은 현실적이지 않다. 만일 더 하락할 줄 알고 투자하지 않고 기다렸는데 반대로 크게 상승하면 어떻게 할 것인가? 성공확률보다 실패확률이 높다.

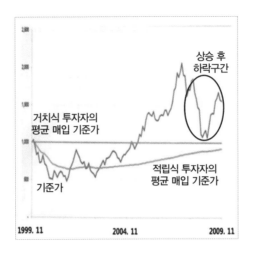

적립식 투자의 장점은 신경 쓰지 않고 매월 꾸준히 납입하면 펀드 가격이 높을 때도 있고 낮을 때도 있어 평균매입단가를 낮출 수 있는 것이다. 상승 후 하락 시점에 공포로 인해 펀드매수를 보류하지 않고 판단 없이 그냥 매수하는 것이다.

판단한다면 더 하락할 것으로 예측되기 때문에 오히려 펀드 매수를 안 할 가능성이 높다. 그래서 적립식 투자는 강제로 계속 투자하게 하는 효과가 있다. 오를까 떨어질까를 고민하다가 저가 매수기회를 놓쳐버리는 경우가 많기 때문이다. 한번 정한 산업과 분야라면 일시적인 현상에 흔들리지 말고 계속 투자해야 한다.

이 세 가지 이유만으로도 한 달 중 하루를 맞추는 일이 어렵고 덜 유익한 행동이 될 것이라는 생각은 충분히 할 수 있다. 게다가 직접 시기를 맞추는 것은 적립식 투자로 인한 장점을 버리는 것이다.

간접 투자를 결정했다면 그 장점을 충분히 누리고 내 일상생활에 마음 편히 집중하는 것이 차라리 더 낫다. 시기를 맞추려 하면 득보다

실이 많은 투자 결과를 가져올 수 있고 내 일상생활까지 영향을 미치기 때문에 정한 날짜에 기계적으로 자동이체를 하는 적립식 투자를 적극 추천한다.

☑ POINT _____

투자시기를 맞추는 것은 너무 어렵다. 한 달 30일 중 펀드 가격이 낮은 날을 맞출 수 있을 가능성은 30분의 1이다. 매월 30분의 1 확률에서 승리하는 것보다 당신의 본업에 집중하는 것이 승리 가능성이 훨씬 높지 않을까?

내 삶을 살찌우기 위한
최고의 저축방법은?

단기/중기/장기로 나눠서 저축하라고 하는데, 단기만 하면 안 되나요?
(32/박창희/회사원/남자/자산관리)

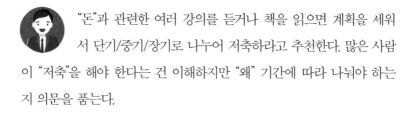
"돈"과 관련한 여러 강의를 듣거나 책을 읽으면 계획을 세워서 단기/중기/장기로 나누어 저축하라고 추천한다. 많은 사람이 "저축"을 해야 한다는 건 이해하지만 "왜" 기간에 따라 나눠야 하는지 의문을 품는다.

"다른 재무상담사들에게 상담도 여러 번 받아봤어요. 그런데 다들 장기상품을 많이 권유하더군요. 사실 이해가 잘 안 됩니다.
당장 2~3년 뒤 돈 필요한 곳도 많고 부족할지도 모르는데 굳이 왜 먼 미래를 준비해야 하죠? 그래서 '단기계획'에 대해선 잘 이해되지만 '중기'나 '장기'에 대한 건 좀 거부감이 들어요.
5년 뒤, 10년 뒤 일은 그냥 그때 가서 준비하면 안 될까요? 지금부터 미리 기간별로 나누어 저축하는 게 정말 효과가 있긴 한 걸까요?"

당연하다. 두 가지 효과가 있다.

첫 번째는 '내 수준 파악'이다. 살면서 많은 재무적 이벤트를 만난다. 그중 작은 규모도 있지만 큰 규모도 있다. 짧은 시야가 아니라 긴 시야로 살펴보면 필요한 전체 금액과 저축 가능한 크기를 알 수 있다.

간단한 표를 살펴보자. 여기서 저축수익률과 소득상승률, 물가상승률은 고려하지 않는다. 월 소득 300만원의 30세 남성이 60세까지 일하고 90세까지 산다고 가정해 보자.

경제 활동 기간 총 저축액	생애 필수 지출
매월 저축 가능한 금액 150만원 → 150만원 × 30년 = 5억 4,000만원	· 결혼자금: 1,000만원 · 주택자금: 1억 5,000만원(나머지 대출 활용) · 자녀교육: 1억(1인 기준) · 노후자금: 월 100만원 × 30년 = 3억 6,000만원 총 6억 2,000만원

월 소득 300만원일 경우 150만원씩 저축한다. 생애 필수 지출도 최소한으로 고려했다. 사람마다 달라질 수 있지만 지출 금액이 적지 않다는 것은 모두에게 사실이다.

이 예시는 저축금액보다 지출 금액이 많다. 이 문제의 해결 방법은 얼마 없다. 첫째, 유산을 많이 받는다. 둘째, 지출금액을 줄이거나 소득을 올린다. 셋째, 돈 많은 배우자와 결혼하거나 복권에 당첨된다. 넷째, 저축으로 인한 수익을 많이 얻는다.

왜 '내 수준 파악'이라고 했을까? 만약 내가 '원하는 지출 계획'이 내 수준에 맞지 않는 계획이라면 지출금액의 해결책을 고려하는 것이 가장 현실적이다. 그런데 많은 사람은 미래를 고려하지 않고 당장 눈앞의 가까운 지출계획만 본다.

흔한 경우는 매월 저축 가능 금액인 150만원을 주택 대출상환금으로 책정하는 것이다. 그러면 이후 자녀 교육비나 노후 생활비가 필요할 때 대출을 받거나 파산 이외에는 방법이 없다. 이 사람은 처음부터 150만원을 주택에만 집중할 것이 아니라 자녀교육과 노후를 함께 고려하여 나눠서 저축을 계획해야 했다.

매월 50만원으로 대출상환을 해야 하는 수준의 주택을 구입했다면 이후 지출계획은 문제없을 것이다. 그러면 당연히 '주택'의 수준이 떨어질 수밖에 없다. 하지만 그것이 원래 이 사람의 '수준'이었다. 다만 더 좋은 집에 살고 싶은 욕구 때문에 미래를 고려하지 않고 미래에 사용해야 할 자산을 미리 당겨 쓴 것뿐이다. 그래서 '내 수준 파악'을 해야 한다.

두 번째는 저축 기간이 길어짐에 따라 발생하는 '수익'이다.

100만원을 기준으로 하겠다. A는 1년 만기 상품에 총 10년간 투자하고, B는 1년과 5년과 10년 세 가지로 나누어 투자하는 경우이다. 막연한 '무언가' 때문에 혹시 모를 지출 상황이 불안하여 1년과 같은 단기만 고집할 경우 '투자'는 매우 어렵다. 바로 변동성에 따른 위험 때문이다.

1년을 기준으로 한다면 일반적인 투자상품으로는 리스크를 줄이기 매우 어렵기 때문에 원금보장이 되며 안정성이 매우 높은 적금만 가능하다. 그래서 A는 적금으로 1년씩 총 10번 저축하는 것이다. B는 혹시 모를 상황을 대비하여 금리는 낮지만 원금보장이 가능한 단기 상품에 20만원을 가입한다. 리스크는 줄이고(기간이 길어질수록 줄어든다) 투자수익을 높이기 위해 5년간 운용되는 중기 상품에 30만원을 가입한다. 투자 성과와 세금혜택(10년을 유지하면 이자소득세가 비과세되는)도 받을 수 있는 장기상품에는 50만원으로 가입한다. 이럴 경우 단기상품은 투자성이 없지만, 중장기상품은 수익성이 높아지기에 전체적으로 보면 총 수익이 달라진다.

(단기 연 2% 가정)		(단기 연 2%, 중장기 연 6% 가정)
월 100만원씩 1년 만기 상품 10번 투자	VS	단기 월 20만원 1년 × 10회 = 21,996원 × 10회
		중기 월 30만원 5년 × 2회 = 2,745,000원 × 2회
연간 연금 1,200만원 연간 세후 이자 109,980원		장기 월 50만원 10년 × 1회 = 18,150,000원 × 1회
총 이자 109,980원 × 10회 = 1,099,800원		총이자 = 단기 + 중기 + 장기 219,960원 + 5,490,000원 + 18,150,00원 = 23,859,960원

A와 B 모두 100만원씩 10년간 저축했지만 막연한 불안감 때문에 단기만 고집했던 A와 성실하게 세운 계획을 지키려 한 B는 총 수익이 약 20배 정도 차이가 난다. 바로 저축기간을 길게 설정했던 상품들의 시간이 수익으로 바뀌며 더 많은 이익을 만들어 주었기 때문이다.

물론 단기간의 투자를 여러 번 반복하여도 이런 결과를 만들어 낼 가능성은 있지만 확률이 매우 낮다. 반대로 중장기투자를 할 경우 매우 높은 확률로 이런 성과를 달성할 수 있다. 그러면 당연히 달성 확률이 높은 방법을 택하는 것이 현명한 선택이라고 본다. 단기 저축만 반복하는 것보다 단기/중기/장기로 나누어 계획을 세우는 것이 '내 수준 파악'과 '안정적으로 시간을 수익으로 만든다'는 장점 때문에 더 낫다.

☑ POINT

사막을 건너는 가장 현명한 방법은 사막을 먼저 건넌 사람의 발자취를 따라가는 것이다. '내 삶을 위한 저축'이라는 사막을 건너면서 이미 검증된 길을 걸으며 안정성을 선택할지, 아니면 좀 더 빨리 가려고 나만의 새로운 길을 찾으며 위험성을 선택할지는 당신의 몫이다. 살면서 계속 저축을 해야 하는 우리는 100미터 달리기가 아니라 마라톤처럼 저축해야 한다.

생각보다 위험하지 않은
분산투자의 매력

주식형 펀드 위험한 거 아닌가요? 망해서 돈 다 날릴까 봐 걱정돼요.

(32/서진영/회사원/여자/자산관리)

약 3년간 함께 펀드로 자산관리를 해오던 기존 A(여성) 고객으로부터 연락이 왔다. 직장 동료와 대화를 하던 중 최근 저금리라서 매우 고민하고 있다는 것이다.

그래서 나와 그동안 펀드투자를 하며 관리해 온 이야기를 들려주었는데, 동료가 매우 높은 관심을 보인다는 것이다. 그런데 상담 요청하면 왠지 상품에 가입해야만 할 것 같고, 크지 않지만 상담료를 지급해야 하니 부담스러워 한다는 것이다.

함께 투자를 의논할 자산관리사와 만나 상담해 보고 싶지만 아직 경험이 없어 어떤 상담이 진행되고 어떻게 관리되고 있는지 모르기 때문에 두려워했다.

그래서 직접 상담이 아니라 A 고객의 정기 리포트 브리핑 때 함께 만나 A 고객이 상담받는 걸 보고 간접 경험을 하기로 했다. 만나서 A 고객의 동의하에 투자된 펀드내역도 공개하기로 했다. 최근 상태에 관해 설명하려면 개인 자산의 상세 내역이 포함된 리포트를 함께 봐야 하는데 개인정보라 타인에게 노출되는 걸 불편해할 수도 있기에 사전에 허락을 구했다. 펀드 내역을 살펴보며 설명을 하던 중 서진영 님이 질문하였다.

"이거 주식형 펀드죠? 원금보장 안 되는 것일 텐데 이런 거
해도 돼요? 이거 투자했다가 돈 다 날리는 거 아니에요? 주변에
주식에 투자하는 사람들 보니 망해서 돈 다 날렸던데 주식처럼
위험한 거 아닌가요?"

그러면 정말 투자한 펀드의 원금을 전부 다 날리는 일이 생길까? 펀드는 단일 주식 투자가 아니다. 한 종목에 대해서만 투자했다면 그런 일이 발생할 수 있다. 하지만 펀드는 펀드매니저가 분석하여 선택한 여러 주식을 담고 있다. 그 여러 회사가 동시에 파산하거나 문을 닫는다면 원금을 날리는 일이 발생할 수도 있다.

펀드투자해서 손해를 볼 수는 있지만 펀드가 투자된 대상이 전부 망해서 원금을 모두 손해 봤다는 사례는 아직까지 들어본 적은 없다. 만일 몇몇 주식에만 투자했다면 그럴 수도 있다. 그러나 펀드는 보통 50~200개의 종목에 분산투자된다.

아무 주식에 투자하는 것이 아니라 전문가가 시간과 비용을 들여 분석 후에 선택된 종목들이다. 내가 좋아하는 펀드인 S사의 펀드 보유 종목을 예를 들어 살펴보자. 이름만 들어도 알고 있는 회사가 대부분이다.

제일 비중이 높은 주식은 삼성전자와 기업은행, GS, KT&G, LG 순이다. 이 회사들이 모두 동시에 사라져버리면 내 원금은 전부 사라진다. 이 모든 회사가 악재로 인해 회사 재정상황이 안 좋다고 동시에 사라지는 일이 생기면 아마도 현존하는 경제시스템은 유지되지 못할 것이다.

-각 자산별 보유 내역-

※투자대상 상위 10개 종목 및 평가금액이 자산총액의 5% 또는

주식

종목명	보유수량	평가금액	비중
삼성전자	113,666	267,229	9.69
기업은행	7,346,747	114,242	4.14
GS	1,418,133	96,575	3.50
KT&G	784,483	90,216	3.27
LG	1,092,315	88,368	3.20
LG디스플레이	2,825,457	87,589	3.18
LG전자우	2,118,384	82,511	2.99
한국전력	1,829,204	80,942	2.94
현대모비스	258,941	65,383	2.37
현대차우	580,173	57,495	2.08
아모레퍼시픽우	270,042	47,527	1.72
LG화학우	174,572	43,818	1.59
신도리코	620,363	39,579	1.44
아모레G우	669,548	38,901	1.41
세아베스틸	1,012,510	35,337	1.28
대림산업	371,173	32,032	1.16
GKL	1,298,260	29,730	1.08
풍산	533,382	28,856	1.05

각 자산별 보유 내역-

※투자대상 상위 10개 종목 및 평가금액이 자산총액의 5% 또는 1

주식

종목명	보유수량	평가금액	비중
미국타이어월드와이드	1,218,063	25,640	0.93
삼양사	252,396	24,583	0.89
삼성화재우	121,707	23,429	0.85
GS홈쇼핑	103,612	22,981	0.83
신세계	116,706	22,758	0.83
한국금융지주우	563,558	20,767	0.75
농심홀딩스	184,130	20,530	0.74
롯데칠성	12,897	19,681	0.71
지역난방공사	243,430	18,768	0.68
솔브레인	292,165	18,611	0.67
대신증권	1,152,885	16,544	0.60
한국전자	217,482	15,637	0.57
유니드	302,572	14,523	0.53
LG우	290,645	14,125	0.51
대림산업우	392,622	13,624	0.49
신영증권	233,942	13,522	0.49
삼금융지주우	2,124,693	13,471	0.49
삼목에스폼	905,228	12,945	0.47
대덕전자	1,115,341	12,771	0.46
현대상업	502,839	12,747	0.46
아세아제지	661,289	12,664	0.46
세아베스틸&C	2,388,921	12,422	0.45
롯데푸드	19,178	11,392	0.41
한국철강	256,428	10,949	0.40
삼천리	102,510	10,917	0.40
E1	185,892	10,782	0.39
평화정공	894,732	10,737	0.39
LG하우시스	103,110	10,270	0.37
삼성SDI우	113,899	9,511	0.34
일신방직	76,618	9,003	0.33
포스코강판	269,477	9,001	0.33
NPC	1,403,290	8,813	0.32
판타애텍	407,066	7,938	0.29
LG하우시스우	137,115	7,912	0.29
대한제당	286,910	7,804	0.28

주식

종목명	보유수량	평가금액	비중
라이온행재	515,302	7,601	0.28
링스코	596,669	7,309	0.27
KG ETS	1,625,019	7,288	0.26
아주캐피탈	930,299	7,266	0.26
GS우	166,956	7,037	0.26
홍선홀딩스	116,405	6,856	0.25
성우하이텍	916,748	6,280	0.23
KSS해운	624,376	6,238	0.23
삼성전기우	124,735	5,651	0.20
대상홀딩스	571,190	5,598	0.20
환신	1,048,155	5,398	0.20
한국제지	181,472	5,208	0.19
강남제비스코	133,743	5,176	0.19
세코닉스	333,488	5,152	0.19
현대리바트	214,942	5,008	0.18
대신증권우	493,137	4,660	0.17
한화3우B	224,733	4,450	0.16
조선내화	47,456	4,205	0.15
한국기업평가	72,165	3,947	0.14
진도	631,168	3,718	0.13
롯데칠성우	4,069	3,170	0.11
삼선브레인다크	380,237	2,909	0.11
현대EP	419,690	2,829	0.10
대성홀딩스	312,332	2,770	0.10
메가스터디교육	70,535	2,610	0.09
삼성엔지	55,213	2,496	0.09
인텍스시거스	82,077	2,491	0.09
WISCOM	557,097	2,443	0.09
메가스터디	74,508	2,273	0.08
태경산업	365,287	1,867	0.07
대신증권2우B	422,042	1,796	0.07
대교우B	343,960	1,754	0.06
백광소재	644,614	1,740	0.06
나라엠앤디	333,973	1,403	0.05
화천기계	52,871	1,179	0.04

펀드에 투자하여 원금을 전부 손해 보는 경우는 매우 확률이 낮으며 어쩌면 불가능한 이야기일지도 모른다. 게다가 만일 당신이 전문가의 추천으로 선택한 펀드라면 그런 일은 더 일어나기 어렵다.

☑ POINT

펀드에 가입하여 원금을 전부 손해 보는 걸 걱정하며 계속하여 투자를 보류할 것이 아니라 하루빨리 투자를 시작하고 잘 관리하여 수익률을 높일 수 있는 방법에 신경 쓰는 것이 낫다.

만약 원금보장이 가능한 예·적금만 고집한다면 당신의 자산은 마이너스 수익률이 확정적이다. 시간이 지날수록 점점 더 마이너스 수익률은 커질 것이다. 적금 수익률은 물가상승률을 뛰어넘지 못해 화폐가치는 상대적으로 하락하기 때문이다.

그래서 부자들은 투자하여 운용해야 한다는 걸 안다. 부자가 아닌 사람들은 투자를 꺼리고 공부조차 하지 않으려 한다. 부자들은 계속 관심을 두고 머리를 싸매고 공부하며 고민한다. 그래서 그들은 부자다.

모르면 낭패 보는 원금보장과 예금자보호의 차이는?

예금자보호가 원금보장되는 거 아닌가요?

(32/이수경/회사원/여자/자산관리)

저축상품에 가입하면서 높은 수익을 얻고 싶은 마음은 누구나 동일하다. 그런데 저금리로 인해 높은 수익(이자)은 고사하고 물가상승률보다 적은 이자수익을 받는 게 현실이다. 그래서 금융기관에서는 투자에 대해 적극적으로 홍보하고 권유한다. 특히, 일부에서는 예금자보호 제도를 마케팅으로 활용한다.

그런데 많은 고객이 예금자보호에 대해 혼동하고 있다. 고객과 저축에 대해 대화를 나누던 중 서로 다른 이야기를 하고 있다는 느낌이 들었고 원인을 찾고 보니 예금자보호 때문이었다. 나 역시도 투자를 필수라고 여기며 설명하던 중이었는데 고객이 투자에는 동의하는데 예금자보호도 필수라고 하는 것이다.

"지금 말씀하신 이런 종류의 상품은 예금자보호가 안 되는 것 맞지요? 저는 투자는 하고 싶긴 한데 원금손실 걱정 없는 예금자보호되는 걸로 하고 싶어요. 전에 다른 곳에서 상담했을 때 권유받은 상품이 있는데 그건 예금자보호가 되는 상품이었어요.

차라리 그런 상품으로 할래요. 그래야 혹시 납입하다가 무슨 일 생겨서 급전이 필요하다면 해지해서 쓰기라도 하죠.

그런데 지금 말씀하신 이런 상품들은 예금자보호도 안 되는데 갑자기 돈 필요할 때 해지하면 손실이 생길 수도 있잖아요. 혹시나 그런 일 생길까 봐 걱정돼요. 저는 그냥 예금자보호 상품으로 추천해 주세요. 예금자보호가 되면 원금이 보장되니 투자도 좀 더 마음 편하게 할 수 있을 것 같아요."

원인을 찾았다. 예금자보호를 원금보장과 혼동한 것이다. 예적금에 가입했다가 문제가 생기면 예금보험공사에서 해결해 주니 예금자보호를 금융상품의 원금보장제도라고 생각한 것이다. 비슷한 것 같지만 전혀 다른 개념이다.

고객은 원금손실이 걱정되니 원금보장에 대해 많이 언급한다. 수익을 얻고 싶어 투자는 하고 싶지만 원금손실에 대한 두려움이 있는 것이다. 투자상품 중에도 원금보장(=상품으로 인한 손실 가능성이 없다는 뜻)이 되는 상품도 있기는 하다. 다만 투자성은 거의 없다고 보면 된다.

예금자보호란 「예금자보호법」에 의해 설립된 예금보험공사가 평소에 금융기관으로부터 보험료(예금보험료)를 받아 기금(예금보험기금)을 적립한 후, 금융기관이 예금을 지급할 수 없게 되면 금융기관을 대신하여 예금을 지급하게 되는 제도이다. 즉, 금융기관이 파산할 경우나 예금을 지급할 수 없게 된 경우에 1인당 5,000만원까지 원금과 소정의 이자를 보장해 주는 것이다.

은행, 보험회사, 종합금융회사, 상호저축은행 등이 「예금자보호법」상 보호대상 금융대상이다. 그런데 이는 투자상품의 원금보장과는 전혀 다른 제도이다. 투자되는 상품은 예금자보호에서 제외대상이다. 금융기관의 문제로 예금을 지급받을 수 없을 때 보호받는 것이지 투자리스크로부터 보호해 준다는 것은 아니다.

특히, 보험회사의 상품 광고에서 해지환급금은 예금자보호 대상이라고 명시가 되어 있는데 이를 원금보장이라고 착각하는 사람이 많다. 보험회사에 문제가 생겨 해지환급금을 지급 못 할 경우 예금보험공사에서 보호해 주겠다는 의미인데, 이를 투자사 원금보장이 된다고 오해하는 것이다.

중도해지할 경우 해지환급금을 받게 되므로 원금이 안 되는 경우가 많은데 '예금자보호 상품인데 왜 원금을 지급하지 않느냐'고 항의하는 경우도 자주 발생한다.

투자상품의 경우도 예금자보호와 유사한 보호를 받는다. 원금보장이 아니라 내 투자자산을 보호받는 것이다. 만약 금융회사가 파산하더라도 내 자산(주식, 채권 등의 증권)은 예탁결제원에서 안전하게 보관된다. 하지만 가격변동에 의해 원금손실은 생길 수 있다.

☑ POINT _____

손실 가능성이 없다는 원금보장과 내 돈을 보관하고 있는 금융기관의 예금지급불능 사태로부터 보호해 주는 예금자보호는 전혀 다른 뜻이다. 혼동하여 착각하지 말자.

시장을 이길 수 있는
장기투자상품 3가지

장기로 30만원씩 투자할 때 가장 고소득인 펀드는?

(32/김도경/연구원/남자/자산관리)

장기투자를 하면 수익률이 높다는 이론은 많이 알려져 있다. 이미 고객 스스로 장기투자를 시작하려고 결심하고 상담하는 경우도 있다.

"투자에 성공하는 가장 쉬운 방법은 장기투자라고 들었습니다. 방송과 뉴스, 책들을 통해서 공부했어요.

제가 저축 가능한 금액들 중 없는 돈이라고 생각하고 분리할 수 있는 금액은 30만원입니다. 장기로 30만원씩 투자할 때 가장 고소득인 펀드 추천해 주세요. 자동이체해 놓고 잊어버리고 살려고요. 그리고 장기면 기간은 얼마나 될까요?"

장기투자를 하면 투자리스크는 0에 가까워진다. 기간이 길어질수록 리스크는 줄어든다. 하지만 투자 시장은 살아 있는 생물과 같아서 현재의 유망한 투자 분야의 매력이 언제 없어질지는 알 수 없다. 그래서 기간에 대한 언급은 하기 매우 어렵다.

그럼에도 10년 이상 투자할 만한 투자상품을 세 가지 소개한다.

첫째, "4차 산업 펀드"다. 4차 산업 분야는 이제 막 시작되어 앞으로 무궁무진하게 발전할 가능성이 있는 분야이다. 이 분야에 대한 투자야말로 단기간이 아니라 장기간 투자를 해볼 만한 분야이다.

산업의 큰 변화를 가져왔기 때문에 다음의 5차 산업이 나오기까지 유망한 투자 분야이다. 4차 산업에 투자되는 펀드는 많지 않으니 고르기도 더욱 쉬울 것이다.

둘째, 일반 증권사 펀드가 아닌 변액보험을 통한 투자이다. 변액보험은 투자기간 동안 대상 펀드를 변경할 수가 있다. 10년이 아니라 20년 이상도 투자할 수 있다. 해지하지 않고도 투자대상을 바꿔가며 투자할 수 있기 때문이다. 기간도 길어질수록 가입자에게 장점이 많은 상품이다. 단, 단기간에 해지하면 손해가 크므로 반드시 장기투자에 이용해야 한다.

셋째, 인덱스 펀드이다. 특정 산업이나 분야가 아닌 대표지수로 투자되는 인덱스 펀드다. 특정 분야에 대해 투자하는 펀드보다 보수도 저렴하여 장기일수록 투자자에게 유리하며 경제시스템이 유지되는 한 일시적 변동은 있어도 계속되는 하락으로 인한 마이너스는 없다.

물가가 오를수록, 시간이 지날수록 계속 상승할 것이다. 지금까지 그래왔고 앞으로도 그럴 것이다. 다만 인덱스 투자를 결정했다면 국내보다 경제성장률이 높은 신흥국의 대표지수나 세계의 금융시장을 주도하고 있는 미국시장의 인덱스에 투자하는 것을 추천한다.

주의할 점은 아무리 장기투자라 해도 관심을 거둬서는 안 된다는 것이다. 일희일비할 필요는 없지만 꾸준한 관심을 준다면 내 자산은 무럭무럭 자랄 것이다.

수익률 높은 펀드를 고르는 6가지 원칙

펀드 어떻게 해야 잘 고를 수 있을까요?

(33/유민정/피부관리사/여자/자산관리)

펀드투자 시 제일 중요한 점은 펀드 선정과 포트폴리오를 어떻게 구성하는가이다. 특히 펀드를 고르는 일은 펀드투자의 경험이 있었던 사람이나 처음 시작하는 사람도 어려워한다.

당신이 만약 언론에서 "요즘은 해외펀드가 유망하며 그중에서도 미국펀드가 높은 투자수익률이 기대됩니다."라는 뉴스를 보고 펀드투자를 하려 한다고 가정해 보자. 인터넷에서 검색했더니 미국에 투자되는 펀드가 여러 가지 검색된다. 그중에서 어떤 펀드를 선정할지 고민될 때가 많다.

유민정 님은 펀드투자를 해 보고 싶긴 하지만 겁이 나기 때문에 스스로 공부하여 펀드를 고르고 싶어 하였다. 하지만 은행이나 증권사의 창구에 가서 펀드 선정 방법을 알려달라고 할 수가 있겠는가. 나와 함께 펀드를 관리하고 계신 유민정 님의 직장동료를 통해 연락이 왔다.

"이제 적금은 그만하려고요. 이번에 적금이 만기 되어 찾았는데 원금과 별 차이가 없어요. 그래서 펀드를 해 보려고 인터넷으로 검색도 해 보고 지인들에게 물어도 봤는데 기준이 명확하지가 않았어요.

물론 은행이나 증권사에서 추천해 주는 펀드도 좋겠지만 제가 전혀 아는 바 없이 추천 상품에 가입했다가 후회할까 봐 겁이 나요.

전문가처럼은 아니지만 스스로 좀 알아야겠다는 생각을 했어요. 이번엔 직접 펀드를 한번 골라보고 싶은데요. 펀드 어떻게 해야 잘 고를 수 있을까요? 그리고 제가 고른 펀드들이 적합한지 점검해 주었으면 합니다."

투자 분야를 고르는 기준점을 잡기는 쉽지 않다. 하지만 한 분야를 정하고 해당 분야에 투자되는 많은 펀드 중에서 내가 투자할 펀드를 고르는 일은 생각보다 어렵지 않다. 다음 몇 가지 원칙으로 펀드를 고른다면 실패 확률은 줄어들 것이다.

1. 3년 이상 된 펀드인지 살펴보자-신생 펀드들은 검증이 안 된 경우가 많다. 유행에 따라 펀드를 만들었는데 성과가 부진하여 1~2년 만에 사라지는 펀드도 많다.

2. 너무 소규모이거나 너무 대규모인 펀드들은 피하자-소규모이면 해당 회사의 관심을 못 받거나 해산될 수 있고 대규모는 움직임이 느린 편이며 투자대상 선정이 쉽지 않다. 크기가 100억원 이상의 펀드에 관심을 가져볼 것을 추천한다.

3. 운용원칙과 펀드매니저를 살펴보자-처음 설정 당시 운용원칙이 빈번하게 바뀌는 펀드들과 펀드매니저가 자주 교체되는 펀드들은 조심하자.

4. 해당 펀드 유형의 평균과 비교해 보자 - 해당 펀드의 유형평균 비교지수(BM)보다 높은 것이 좋다. 지수는 펀드 평가 사이트나 가입할 펀드 회사의 홈페이지에서 볼 수 있다.

5. 펀드 평가 등급을 살펴보자 - 제로인 평가등급 4개 이상인 펀드를 고르자(5개 만점).

6. 자산규모가 급격히 변하는 펀드는 피하자 - 최근 갑자기 해당 펀드의 운용규모가 급격히 줄어들었다면 다시 한번 생각하자.

최근 베트남펀드가 화제다. 한국투자증권에서 펀드에 가입한다고 가정하자. 해당 홈페이지에 들어가 베트남펀드를 검색할 것이다. 그중 6가지 원칙을 적용하여 예시로 펀드를 골라보았다. 각 펀드 판매 회사마다 화면 구성의 차이는 있으나 6가지 요소는 대부분의 회사에서 확인할 수 있다.

다음 화면은 한국투자증권 홈페이지에서 보이는 화면을 갈무리한 것이다. 기준을 갖고 선정한 펀드로 투자하는 것과 타인의 권유나 유행으로 추천받아 직감적으로 고른 펀드에 투자하는 것은 분명 결과의 차이가 나타날 것이다. 앞으로 펀드투자를 할 때는 6가지 기준을 중심으로 나만의 선정 원칙들을 만들어보자.

제로인평가등급	ⓐ	펀드의 운용기간이 3년 이상인 펀드는 정식등급을 부여하며, 태극 마크(ⓐ)가 많을수록 높은 등급의 펀드입니다.	운용규모 (2018.03.16)
ⓐⓐⓐⓐⓞ (3년기준)		(▲4.92)	531.02억 원
설정일		운용사	펀드보수
2007.01.25		한국투신운용	1.8840%

· 한국투자차이나베트남증권투자신탁1호A(주식) ·

수익률(3개월) **12.09%**

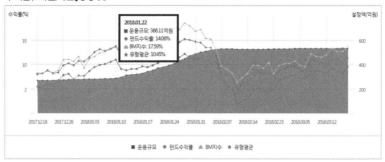

나에게 무리 없는
주택담보(전세자금) 대출 규모는?

전세자금(주택담보) 대출하려는데 얼마가 적당할까요?

(33/김혜경/회사원/여자/자산관리)

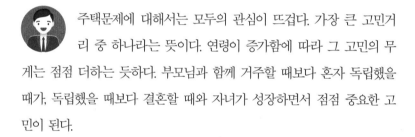

주택문제에 대해서는 모두의 관심이 뜨겁다. 가장 큰 고민거리 중 하나라는 뜻이다. 연령이 증가함에 따라 그 고민의 무게는 점점 더하는 듯하다. 부모님과 함께 거주할 때보다 혼자 독립했을 때가, 독립했을 때보다 결혼할 때와 자녀가 성장하면서 점점 중요한 고민이 된다.

"현재 전세로 살고 있어요. 이제 곧 아이도 생길 텐데 현재 집은 너무 좁은 거 같아요. 마침 계약 기간이 끝나가기도 해서 대출을 받아 좀 더 큰 집으로 전세를 옮기려고 했어요.

그런데 집을 알아보다 보니 전세 금액이 너무 비싸요. 부동산 중개소 사장님은 전세가격과 차이가 얼마 없으니 차라리 대출을 받고 집을 사는 게 어떠냐고 제안하셨어요.

그런데 참 고민돼요. 지금이야 맞벌이라서 크게 부담되지는 않겠지만 출산 이후 외벌이가 지속된다면 집으로 인한 대출상환금이 부담되어 무리가 생기진 않을까 걱정돼요.

대출은 얼마가 적당할까요? 주택 구입과 전세자금 대출했을
때의 적정수준을 알면 결정하는 데 도움 될 거 같아요."

주택 구매나 전세자금 대출의 적정수준 평가방법은 다르지 않다. 재
무설계 원론에서는 전체 자산 중 부채 비율과 매월 소득 중 부채상환금
액 비율로 평가한다. 자산과 부채의 규모로 평가하는 방법은 연령마다
환경마다 기준이 달라진다.

여기서는 매월 부채로 인해 지출되는 금액이 내 소득에서 얼마의 비
율인지 살펴보겠다. 주거 관련 비용(주택과 관련한 대출/세금/관리 및 유지
비)은 소득의 20~30% 이내를 적정하다고 평가한다. 혹시 주거 이외의
부채가 있다면 총부채로 인한 매월 지출금액이 소득의 40% 이내가 적
정하다고 평가한다. 주거 관련 대출 비용이 적당한지 묻는 고객이 있다
면 이를 기준으로 가이드라인을 제시한다.

다음 예시로 설명하겠다. 실수령액 기준으로 월 소득 300만원의 미
혼 여성이 있다. 서울 외곽으로 알아본 집의 전세가는 2억원/구매가격
은 2억 8,000만원이다. 대출조건은 [전세자금은 대출 연 3%, 원금만기
일시 상환(대출 기간 동안 이자만 납입)]과 [주택담보(구입)은 대출 연 4%,
매 월 원금과 이자를 함께 상환]하는 조건이다.

	전세자금대출(총 60개월)	주택구입대출(총 180개월)
대출 규모/조건	10,000만원/3% /원금 만기 일시 상환	18,000만원/4% /원리금 균등 상환
매월 납입 금액	약 25만원	약 133만원
적정성 지표 (상환금액/월소득 × 100%)	300만원 기준 ⇒ 8.33% ○ 600만원 기준 ⇒ 4.1% ○	300만원 기준 ⇒ 44.33% × 600만원 기준 ⇒ 22.16% ○

전세자금 대출 1억은 적정성 기준에 충족한다. 다만 매년 순자산 (= 총자산 - 부채)이 증가한다는 조건을 추가하는 것이 좋다. 대출 이자를 납입하느라 자산이 감소하면 좋지 못하다. 주택구입 대출의 경우, 기준치인 30%를 훌쩍 넘는다.

즉, 매월 소득이 300만원일 경우는 이 주택을 대출을 통해 구입하는 것은 무리다. 그런데 만일 미혼이 아니라 결혼하여 월 소득이 600만원이라면 부채상환 비율이 소득의 30%가 넘지 않으므로 구입해도 좋다고 평가한다.

다만, 주택담보대출 이외의 부채와 합산하여 부채로 인해 매월 납입하는 대출상환금이 월 소득의 40%가 넘지 않는다는 전제조건을 충족해야만 한다. 소득을 기준으로 한 적정성 지표 30%를 현재 상황에 대입해 보면 판단할 수 있으니 한번 활용해 보기 바란다.

☑ POINT _____

대출은 좋은 대출과 나쁜 대출로 구분된다.

　대출을 이용하여 나의 생활이 윤택해질 수 있다면 좋은 대출이지만, 대출로 인해 숨막히고 괴로운 생활을 한다면 나쁜 대출이다.

　좋은 대출인지 나쁜 대출인지에 대한 심적 기준은 내가 감내할 수 있는 스트레스의 정도다. 종합적인 상황을 고려하였을 때 적정한 대출 비용 지출 비율은 월 소득의 30%를 넘기지 않는 것이 좋다.

내 아이를 위한
최고의 금융상품 선물은?

자녀들을 위한 저축 무엇이 제일 좋은가요?

(33/임영희/코디네이터/여자/자산관리)

부모는 아이가 태어나면 많은 것을 해 주고 싶어 한다. 아직 아이가 돈의 개념을 모를 때 주변에서 아이에게 용돈을 주기도 한다. 부모는 자녀를 위해 그 용돈을 모으려고 통장을 만든다. 그러고 나서 통장에 돈이 계속 쌓이는데 아무 일도 하지 않고 가만히 두기보다 무언가 좀 더 나은 방법을 찾는다.

"남편과 상의를 했어요. 매월 20만원씩 아이 이름으로 저축을 해 주려고 합니다. 그리고 주위 어른들이 종종 용돈을 주시면 그 돈도 추가로 더 저축하려 해요.

처음에 은행 자유적금 통장을 만들어 돈을 모았는데 이자가 너무 작아요. 이래서는 화폐가치도 못 따라갈 것 같아요. 나중에 아이가 대학 갈 때 교육자금으로 사용하면 좋을 텐데 지금 통장은 너무 수익성이 작아요.

여러 가지 상품을 알아봤지만 참 어려워요. 자녀들을 위한 저축은 무엇이 제일 좋은가요? 좋은 상품 소개해 주세요."

제일 먼저 고객에게 한 질문은 기간과 목적이다. 다음 설명은 교육자금 목적으로 대학 입학까지 기간이 최소 10년 이상 남은 경우에 적합한 방식이다. 자녀를 위한 저축 문의는 보통 초등학교 입학 전 자녀를 둔 부모가 한다. 고려할 요소는 크게 세 가지다.

1. 수익방식-금리형, 펀드형 두 가지뿐이다. 하지만 금리는 점점 하락하고 저금리이기 때문에 펀드형을 추천한다. 기간이 길면 펀드에 대한 리스크는 줄어들기 때문에 더욱 추천한다.

2. 수수료 및 상품 구조-크게 선취와 후취로 구분된다. 납입하는 돈에서 선취수수료를 차감한 후 펀드에 투입되어 운용된다. 후취는 펀드 운용을 하면서 적립금(= 원금 + 수익금)에서 매일 차감되는 수수료다.

실제 상품을 비유하여 설명하겠다. 펀드로 운영되며 시중에서 가입 가능한 상품은 증권사의 펀드와 보험사의 변액보험이다. 펀드는 선취는 작고 후취가 비중이 크다. 변액보험은 선취는 크고 후취가 작다.

편의점(펀드)과 개인치킨집(변액보험)에 비유하여 설명하겠다. 편의점은 초기 인테리어비용이 작다. 하지만 운영 기간 동안 전체 매출의 일부를 가맹수수료로 본사에 내야 한다. 치킨집은 초기 인테리어 시설비용이 크다. 하지만 개점 이후 재료비 이외에는 본사에 가맹수수료를 내지 않아도 된다. 시간이 지남에 따라 매출이 점점 커지게 된다면 편의점은 가맹수수료도 비례하여 커질 것이다. 하지만 치킨집은 매출이 커져도 가맹수수료가 부담되진 않는다. 동일한 매출로 편의점과 치킨집을 비교한다면 시간이 지날수록 치킨집 사장은 더욱 열심히 장사할 것이다. 매출이 커질수록 전부 내 이익이기 때문이다. 편의점 사장은 초기엔 부담이 없었지만, 매출이 커질수록 본사에 납입하는 수수료 때문에 마음이 불편할 것이다. 그래서 장기로 가게를 운영할 계획이라면 편의점(펀드)보다 치킨집(변액보험)이 더 낫다(상세히 비교하면 조금 다른 구조지만 이해를 돕기 위한 비유다).

또한 펀드는 시장 상황이 바뀌어 다른 펀드로 교체하려면 펀드를 해지하고 다시 가입해야 하지만 변액보험은 상품 내에서 다른 펀드로 변경할 수 있다. 이때 수수료 차이도 생긴다. 따라서 장기간일수록 변액보험의 장점이 많다.

3. 보험은 10년 이상 유지 시 비과세가 된다. 아이가 어른이 되었을 때는 부모가 납입하는 10년이 넘는 동안 선취수수료는 이미 다 납입되었다. 게다가 그 상품은 부모가 납입해 준 돈 외에 아이가 스스로 추가 납입을 더 해도 된다. 즉, 평생 사용 가능한 비과세 통장이 생긴 것이다.

수수료 및 노력은 부모가 대신 전부 치러준 셈이다. 이 세 가지를 고려한다면 자녀를 위해 가장 적합한 상품은 변액보험이다. 대신 단기간에 해지할 경우는 손해를 주의해야 한다.

☑ **POINT** _____

자녀를 위한 금융상품은 변액보험을 추천한다. 세 가지의 장점과 부모의 성실 + 꾸준함 + 인내가 합쳐진다면 단순히 수익이 좋은 금융상품이 아니라 자녀를 위한 정말 값진 선물이 될 수 있다.

수익률의 하락과 상승폭보다 중요한 것은 그 이유를 아는 것이다

이전보다 많이 하락한 펀드는 지금이 투자시기일까요?

(34/천영수/연구원/남자/자산관리)

투자할 때 많이 갖고 있는 선입견 중 하나는 이전의 가격들보다 많이 하락하면 투자하기 좋은 시점이라고 판단하는 것이다. 과연 그럴까?

　　"중국 주가지수가 가격이 많이 하락했어요. 거의 반 토막 수준이던데 이전보다 많이 하락한 펀드는 지금이 투자시기일까요? 지금 투자해야 가격이 올라가면 수익률이 좋을 것 같아요!"

　　사람들이 투자에 대해 판단할 때 가격으로 이루어진 차트를 보며 전보다 가격이 많이 떨어지면 매력적이라고 생각한다. 하지만 더 떨어질 수도 있고 다시 이전의 가격을 회복하는 데 몇 년이 걸릴 지 알 수 없다. 단순히 가격에 대해 비교를 하는 것은 좋은 방법이 아니다.

　　코스피는 지난 수년간 박스권(일정한 범위에서만 움직이는 것)에 갇혀 있었다. 약 6년간 1800~2100P 내에서만 움직였었다. 그래서 코스피 지수가 2100P에 근접하면 너무 고점이고 가격이 너무 비싸니 투자는 곤란하다고 말하는 이들이 많았다. 하지만 2017년에 이 고점을 뚫고 올라가 2600P까지 상승했다.

이전의 가격들과 비교하여 비싸다, 싸다를 평가하는 방법으로는 설명되지 않는다. 단순히 가격이 오르고 내리고로 판단하면 안 된다. 그건 결과론적인 판단 방법이기 때문이다.

가격이 상승하면 올라가면 올라가는 대로 반대로 떨어지면 떨어지는 대로 그 이유를 알아야 한다. 그 이유에 따라서 판단하고 상승할 때 해당 원인이 아직 유효하다면 계속 투자된 상태로 두는 것이고 반대로 떨어지는 이유가 있다면 투자를 멈추고 돈을 빼야 한다.

수익률이나 가격을 절대적인 기준으로 보는 것이 아니라 본래의 가치에 비해 저평가나 고평가된 것은 아닌지 또는 특별한 내·외부적 요인이 작용한 것인지를 알아야 한다. 정말 조심할 것은 가격이 하락하는 것이 아니라 증시가 변하는데 원인도 모르고 대응 매뉴얼 없이 넋 놓고 있는 것이다.

☑ POINT

펀드 가격이 하락했다고 하여 가격만 가지고 판단하여 투자를 결정하는 것이 아니라 하락한 이유를 파악하고 다시 상승 시기가 왔다고 판단되어야 투자할 수 있는 것이다.
　만약 단순히 하락했다는 이유만으로 투자했다면 언젠가는 상승하겠지만 다른 투자를 했을 때보다 너무 길어질지도 모른다. 과거 일본과 중국의 사례가 바로 그런 경우이다.

금융을 통한
합법적 탈세방법은?

세금 공제받을 수 있는 상품에는 무엇이 있을까요?

(34/박철순/파일럿/남자/자산관리)

세금을 내는 것을 좋아하는 사람은 없을 것이다. 소득이 높을수록 소득세율이 높아지기 때문에 세금에 대해 관심이 커질 수밖에 없다. 내 미래를 위해 저축을 할 때도 세금혜택이 있는 상품을 선택하면 소득 신고 시 더욱 유리하다.

"은행에 가보니 여러 상품에 대한 안내문이 있던데 그중 세금혜택이 있는 상품들에 관심이 많습니다. 그런데 너무 다양한 상품이 있어서 어떤 상품이 나에게 좋은지 잘 모르겠어요. 저는 연말정산 때 혜택이 많은 걸 선호하는데요. 세금 공제받을 수 있는 상품에는 무엇이 있을까요?"

전통적인 상품과 시기마다 생겼다 사라지는 상품이 있다. 전통적인 세액공제 상품은 노후를 준비하기 위한 연금저축과 IRP (개인퇴직연금)이다. 연금저축은 연 400만원까지 세액공제가 가능하며 IRP의 경우 '연금저축 + IRP' 합산하여 연 700만원까지 세액공제된다.

정부의 정책에 따라 상품이 생겼다가 사라지는 일은 자주 있다. 현재 가입 가능한 세액공제 상품은 코스닥벤처펀드가 있다. 코스닥 시장 활성화 방안으로 도입이 결정된 펀드로 펀드투자금의 절반을 혁신·벤처기업에 투자하는 상품이다. 2018년 3월에 출시됐다. 투자금의 10%에 대해 300만원까지 소득공제를 받을 수 있다(즉, 납입금액 3,000만원까지 공제 가능). 대신 상품을 의무적으로 3년 이상 유지해야 한다. 중도해지 시 소득공제 금액에 대해 추징될 수 있다.

☑ **POINT**

금융상품을 통한 저축을 할 때 세금혜택이 주어지는 상품을 고르는 것은 현명한 일이다. 탈세가 아닌 합법적 절세이기 때문이다. 나의 미래를 잘 계획하여 가입하고 혜택받자.

구글, 애플, 페이스북에
소액으로 투자하는 방법은?

미국주식 투자, 소액도 가능할까요? 리스크 줄이는 방법도 있나요?

(34/최재민/자동차정비사/남자/자산관리)

어느 날 고객이 궁금한 것이 있어 상의하고 싶다며 연락이 왔다. 이 고객은 돈과 관련한 일들이면 늘 내게 연락하여 함께 상의한다. 나를 필요로 하는 분들께 조금이나마 도움을 드릴 수 있다니 감사한 일이다. 문의 내용은 미국주식 투자와 관련된 내용이다.

"회사 동료들과 여러 이야기를 나누다 투자에 관한 이야기를 하게 되었어요. 예·적금으로 내 자산을 늘린다면 수익률을 기대하기 어렵다는 건 누구나 아는 사실입니다.

최근 화제인 비트코인에 투자하려 하니 너무 늦은 거 같기도 하고 게임머니처럼 한순간에 없어져 버릴 것도 같고 너무 모르는 분야라서 겁이 나요. 차라리 구글이나 애플, 페이스북처럼 세계적인 기업에 투자해 보면 어떨까 하는 생각을 하게 됐어요. 요즘 방송에서도 해외 유망기업에 직접 투자하는 것도 좋은 투자방법이라며 광고하더군요.

그래서 인터넷으로 검색을 해 봤어요. 작년 수익률이 엄청나

더군요. 투자를 한번 해 볼까 하는데 유명한 회사들의 주가가 비싸기도 하고 어느 회사를 골라야 할지도 잘 모르겠어요.

저는 매월 적금 대신 투자하고 싶은데 여러 회사에 한 번에 투자한다면 해당 회사 주식을 한 주씩만 투자해도 제가 투자할 수 있는 금액보다 커서 고민인데 좋은 방법 없을까요?"

간단한 방법이 있다. 바로 ETF로 투자하는 것이다. ETF는 주식처럼 거래하는 펀드다. 설정된 주제에 맞춰 만들어진 상품이며 다양한 종류 (채권/배당/주식/원자재/기타)의 ETF가 있다. 일반펀드보다 보수도 매우 저렴하며 투자금액도 소액으로 가능하다.

ETF | 지식경제용어사전

상장지수펀드로 특정지수를 모방한 포트폴리오를 구성하여 산출된 가격을 상장시킴
으로써 주식처럼 자유롭게 거래되도록 설계된 지수상품

외국어 표기 Exchange Traded Fund(영어)

만일 예시의 4가지 주식을 한 주씩만 투자하려 한다면 2,967달러
(317만원)가 필요하다. 매월 적금처럼 하기에는 부담스러운 금액이다. 그
런데 만일 이들 주식에 투자되는 ETF인 XLK(상품명)에 투자한다면 67.9
달러(72,500원)로 비슷한 효과를 누릴 수 있다.

이런 투자방법은 여러 회사 주식을 소액 투자자들이 모여 0.14%(만
약 ETF가 아닌 일반 해외펀드로 투자한다면 약 2%로 10배 이상의 비용이다)의
비용을 보수로 지급하고 공동구매 방식처럼 투자하는 것이다. 여러 주식
에 분산하여 투자하니 리스크를 현격히 줄일 수 있다.

또, 주당 매수 가격에 대한 부담 때문에 투자할 수 없었던 다양한 주
식에 투자할 수 있으니 투자자에겐 아주 유익한 투자방법이다. 그렇다면
투자 효과는 비슷할까? 한번 비교해 보자.

종목	애플	페이스북	알파벳	마이크로소프트	VS	XLK
직전 1년간 상승률	37.6%	43.6%	44.8%	43.5%		35.7%

Top Holdings

Name	Symbol	% Assets
Apple Inc	AAPL	14.66%
Microsoft Corp	MSFT	11.13%
Facebook Inc A	FB	7.10%
Alphabet Inc C	GOOG	5.33%
Alphabet Inc A	GOOGL	5.29%
AT&T Inc	T	4.03%
Intel Corp	INTC	3.66%
Visa Inc Class A	V	3.50%
Cisco Systems Inc	CSCO	3.21%
Verizon Communications Inc	VZ	3.01%

미국의 대표적인 회사들인 애플, 마이크로소프트, 페이스북, 알파벳 (구글 관련)에 투자하는 ETF다. 각 주식에 투자된 수익률과 해당 주식이 포함된 ETF에 투자할 경우의 수익률이 많이 차이 날까?

QQQ, XLK, FDN, FNG는 미국 대표주식에 투자되는 ETF다. 그중 XLK와 비교해 보겠다. 분산된 투자임을 고려한다면 두 사례는 큰 차이가 없다. 투자 수익은 유사하게 챙길 수 있고 리스크는 줄일 수 있다. 무엇보다 7만원대의 소액 투자가 가능하다.

장점만 있는 게 아니라 단점도 있다. 거래하기 위해서는 해외증권을 거래할 수 있는 계좌를 먼저 만들어야 한다. 매월 적립식 투자를 할 수 있는 자동시스템은 가능한 상품보다 불가능한 상품이 많아서 대부분의 상품은 가입자가 직접 매월 매수해야 한다.

가장 큰 문제는 종목의 선정이다. 한국에는 약 400개, 글로벌 시장엔

약 65,500개의 ETF가 존재한다. 너무 많다 보니 그중에서 나에게 유익하고 내가 투자하고 싶은 종목이 담긴 ETF를 찾아내기가 쉽지 않다(한 회사 주식을 고르는 것보단 쉬울지 모른다).

하지만 이 부분에 대해서도 해결책이 있다. 내 투자금액의 연 1% 수준의 비용을 내고 투자자문사에서 투자자문서비스를 받으면 된다. 시장 전망에 대한 설명부터 ETF에 대한 선정과 관리까지 연 1%의 비용으로 서비스받을 수 있으니 편리하다.

비트코인이나 딱지로
수익을 낼 수 있을까?

비트코인 또는 딱지로 돈 많이 벌었다던데 그런 건 소개 안 해
주나요?   (34/송지성/의사/남자/자산관리)

최근 화제가 되었던 가상화폐에 대해 참 많은 질문을 받았다.
매일 뉴스에는 단기간에 가상화폐로 부자가 된 사람들의 사
례 소개나 분양권 당첨은 로또와 같다고 보도됐다. 당연히 자산관리 상
담받는 사람들도 관심을 갖고 내게 물었다.

"요즘 가상화폐로 돈 벌었다고 자랑하는 사람이 주변에 많아
요. 나도 펀드 돈 다 빼고 가상화폐로 갈아타야 하는 거 아닌지
몰라요. 이러다 남들 다 돈 버는데 나만 시기 놓치고 못 벌까 싶
어요. 단체 채팅방에서 다들 그 이야기만 하니 시대에 뒤처지는
거 같은 기분도 들어요. 그리고 요즘 딱지(분양권) 사면 두세 배는
금방이라던데. 샀다가 금방 팔아서 이익 얻고…… 그렇게 몇 번
만 하면 금방 자산을 늘릴 수 있을 거 같아요.
다들 그런 거로 돈 많이 벌었다던데 그런 건 소개 안 해 주나
요? 추천해 주세요. 사람 많이 만나셔서 정보도 많으실 텐데……"

결론부터 말하자면 소개할 수 없다. 최근 가상화폐와 분양권이 화제였지만 그런 이슈는 과거에도 다른 주제로 수년에 한 번씩 있었다. 자산관리사란 직업을 갖고 나서 고객에게 더 높은 수익을 일을 수 있는 투자 아니 투기를 소개해 드리면 더 좋지 않을까 생각도 했었다.

그래서 과거에 그런 이슈에 흔들려 고객들에게 소개한 경험도 있다. 결과는 매우 비참했다. '돈만 많이 벌면 좋은 거 아닐까?'라는 나의 생각이 얼마나 무섭고 잘못되었는지 알게 되었다. 그때의 실수는 매우 후회스럽지만 나에겐 큰 경험이 되었다.

그런 시장에서는 일반적인 투자시장의 고위험/고수익이 아니라 고위험/저수익의 논리가 작용했다. 좀 더 냉정하게 사례들을 살펴보면 돈을 벌었다는 소문은 많지만 돈을 번 사례는 극히 적었다. 일부의 사례가 마치 전체인 것처럼 소문이 난 것이다.

대부분의 사람은 그 실패 사례가 '나는 아닐 거야'라고 생각한다. 하지만 확률적으로 내가 그 실패 사례가 될 가능성이 무척 높다. 무엇보다 법의 보호를 받을 수 없다. 해당 대상이 문제가 생겨도 해결해 줄 수 있는 안전장치가 없다.

예를 들어, 가상화폐의 가격 상승 문제가 아니라 거래소에 문제가 생기면 보호받을 수가 없다. 그래서 고객들에게 투자를 안내할 때는 제도권 내에 있는 합법적인 상품만 소개해 드린다. 은행/증권/보험 등 허가받은 금융기관의 상품들로만 안내해도 충분히 자산관리가 이루어진다.

☑ POINT
힘들게 모은 나의 소중한 자산을 막연한 기대감 때문에 무법지대로 데려갈 것인가?
희미한 운에 맡긴 투자보다는 자신의 능력과 노력으로 미래를 준비하자.

워런 버핏이 투자하고
수면제를 복용한 이유는?

단기간 고수익 나는 투자종목 알려 주실 수 있나요?

(35/이혁진/회사원/남자/자산관리)

주로 상품을 통해 고객들의 자산관리를 하는 직업임에도 불구하고 고수익을 내주는 직업이라고 생각하여 문의를 받는 경우도 많다. 그럴 때마다 참 난감해서 답변하지 않는다.

> "한 6개월 정도 투자해 볼 생각입니다. 그때 이사를 할 예정인데 돈이 좀 부족할 수도 있을 것 같아요. 그래서 투자하려고 하는데 투자예상수익은 어떻게 되나요? 아니면 그냥 고수익 나는 투자 종목 알려주실 수 있나요?"

당연히 알려줄 수 없다. 독자 중에도 장기간의 투자가 좋다는 이론에 지쳐 '단기간의 고수익'이란 단어에 현혹되지 말기 바란다.

얼마 전 온라인에서 '단기투자는 위험하니 기간을 길게 하고 분산투자하는 것이 현명한 투자방법이다'라는 글의 댓글을 보고 다시 한번 놀랐다. 댓글의 내용은 '이렇게 투자해서 우리 월급쟁이들이 언제 돈 모으

란 말인가? 이딴 거 말고 단기간에 고수익 나는 종목이나 알려줘라. 그러면 거기에 전부 투자하겠다'였다. 이 댓글에 동조하는 수많은 댓글과 반응들을 봤다.

누군가 투자에 대해 확언하거나 당신의 마음이 홀딱 반해버릴 만큼의 기간과 수익률을 제시한다면 조심하길 바란다. 투자의 귀재라고 불리는 워런 버핏조차도 투자하고 나면 수면제를 먹고 자라고 할 만큼 장기투자를 예찬하며 투자 결과를 장담할 수 없어 흔들리는 마음을 경계한다.

당신이 만나는 그 누군가는 워런 버핏보다 뛰어난 사람일 확률은 매우 적다. 엘리베이터를 타는 것처럼 편하게 높이 갈 수 있다는 달콤한 유혹에 흔들린다면 고수익이 아니라 내 자산 전체를 날릴 수도 있다.

재밌는 사실은 부자 고객들은 투자상품에 대해 문의하고 설명을 들을 때 필요한 예상 투자기간이 충분히 합리적인 것을 좋아한다. 그리고 단편적이고 자극적인 하나의 사실이 아닌 원인과 결과가 있는 맥락과 의견 등 풍부하고 상세한 설명을 듣기를 원한다.

하지만 부자가 아닌 사람들은 "그거 하면 대박 나요? 안 나요? 아, 설명하지 말고 그냥 그것만 알려줘요." 같은 단정적인 이야기만 한다.

그래서 부자 고객을 만날 때는 자세히 설명하느라 시간이 길어지지만 부자가 아닌 고객들을 만나게 되면 고객이 먼저 설명을 거부하며 수익보장을 요구해서 시간이 짧아진다. 설명 없이 결론을 낼 수 없기 때문에 더 이상 안내를 하지 않기 때문이다.

☑ **POINT** _____

단기간 고수익 나는 투자종목은 단기간 전체 손실도 가능한 투자종목이다. 단기간의 고수익을 약속할 수 있는 상품이라면 사기를 의심해 봐야 할지도 모른다.

실패율 0%
투자게임의 방법은?

왜 장기투자를 권하죠? 그냥 단기로 계속하면 안 되나요?

(35/이준성/PC방운영/남자/자산관리)

"기간에 따라 나누어 저축하라."는 말은 많이 들어봤을 것이다. 단기/중기/장기에 따라 저축할 경우, 단기만 반복하는 것보다 많은 수익을 얻을 수 있는데 그 영향은 장기저축이 가장 강력하다. 장기투자라는 말은 많이 들어봤지만 왜 그런지 구체적으로는 알지 못하는 사람이 많다.

"상담을 받아보면 장기투자에 대해 많이 말하더라고요. 전문가가 골라준 상품에 투자할 때 기간을 나누어 여러 번 투자하는 것과 장기투자하는 것의 차이를 잘 모르겠어요.
군이 길게 투자할 필요가 있을까요? 그사이에 어떤 일이 생길지도 모르는데 유동성 확보를 위해 단기로 하고 싶어요. 왜 장기투자하라고 하죠? 단기로 계속하면 안 되나요?"

장기저축이 수익률이 큰 이유 중 하나는 바로 '수익률 상승' 시기에 이미 투자가 된 상태이기 때문이다. 전문가가 투자분야와 상품을 잘 고

르는 것과 수익률 상승 시기를 잘 맞추는 것은 전혀 다른 문제다. 유망한 투자분야를 선정해도 언제 상승률이 가장 높을지는 분석하기 쉽지 않다. 단기를 반복하다 투자의 공백 기간에 혹시 수익 상승률이 높은 시기가 도래한다면 고스란히 놓칠 수밖에 없다.

다음 표는 언제 올지 모를 수익률 상승이 가장 높았던 시기를 놓쳤을 때의 수익률 차이를 보여준다. 코스피에 투자했을 때 26년간 계속 투자했다면 1,225%이지만 단 가장 상승률이 높았던 5개월만 놓쳐도 수익률은 약 4분의 1로 줄어든다. 319개월 중 단 5개월뿐인데 말이다.

· 한국 종합주가지수(KOSPI) ·

(26년간 319개월 영업일 기준)

투자 기간 (1980. 1 ~ 2006. 7)	누적 수익률 (연평균 수익률)
26년간 지속투자 해둔 경우 (묻어두기)	1,225% (46.2%)
가장 상승률이 높았던 5개월을 놓쳤을 때	337% (12.7%)
가장 상승률이 높았던 10개월을 놓쳤을 때	134% (5.1%)
가장 상승률이 높았던 15개월을 놓쳤을 때	56% (2.1%)
가장 상승률이 높았던 30개월을 놓쳤을 때	8% (0.3%)

증시가 상승한 걸 확인하고 투자하면 이미 늦었다. 이미 투자가 된 상태여야 상승 바람을 탈 수 있다. 그런데 단기투자를 반복한다면 그 시기를 놓칠 수도 있다. 만약 그 상승 시기를 정확히 맞춰서 미리 투자할 수 있는 사람이 아니라면 투자가 되어 있는 상태여야 한다. 하지만 아마도 당신과 당신의 담당 전문가는 그런 사람이 아닐 것이다.

또한 기간이 길어질수록 리스크는 적어지기 때문에 투자에 실패할 확률이 줄어든다. 다음 그림을 살펴보면 기간이 길어질수록 손실 확률은 줄어든다.

■ 1980년 이후 한국 주식의 역사적 데이터로 시뮬레이션했을 때 한국 주식에 20년 투자하면 손해 확률은 0.1%

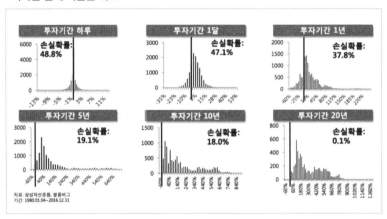

1980년 이후 한국 주식의 역사적 데이터로 시뮬레이션했을 때 한국 주식에 20년간 투자하면 손해 확률은 0.1%다. 절대 실패하지 않는 주식 투자를 하고 싶다면 대표주가 지수에 투자하고 기다리기만 하면 손실은 일어나지 않는다.

많은 전문가가 단기투자보다 장기투자를 권유하는 것은 좀 더 손쉽게 투자에 성공할 수 있기 때문이다. '투자의 성공'은 어렵지만 '시간'이 더해진다면 쉬워진다. 자산관리에서 실패하지 않는 투자는 매우 큰 장점이다.

게다가 오랜 시간 꾸준하게 수익률을 확보한다면 분명 자산 증가에 큰 도움이 된다. 장기투자에 대해 긍정적으로 바라보자.

여기서 말하는 대표주가 지수란 코스피, 나스닥, S&P500, 니케이, 유로스톡스50 같은 대표적인 지수를 말한다. 신흥국이나 원자재 지수의 경우 변동성이 워낙 커서 심리적인 부담으로 장기보유하기가 힘들기 때문에 추천하지 않는다.

"아빠 펀드가 좋아?
엄마 펀드가 좋아?"

채권형 펀드, 주식형 펀드 어떤 것이 좋아요?

(35/강용준/학원운영/남자/자산관리)

펀드의 종류는 다양하다. 크게 주식형/채권형/혼합형/파생형이 있고, 국내 또는 해외로 나뉘어 있다. 채권형 펀드는 주식형 펀드보다 모르는 사람이 많다. 채권은 국(가)채/회사채/지방(도시)채로 나뉜다.

예를 들어, 국채란 국가에서 돈을 빌린 채무증서다. 이자율과 이자 상환주기, 신용도는 채권마다 다르다. 즉, 채권은 돈을 빌려주고 정해진 기간 뒤에 돈을 갚겠다고 약속한 증서다. 이 증서도 거래하면서 가격은 변한다.

이런 다양한 채권에 투자하는 것이 채권형 펀드다. 주식형 펀드와 채권형 펀드에 대해 다양한 장단점을 이용한다면 펀드투자에 큰 도움이 된다.

"얼마 전부터 책도 보고 강의도 듣고 펀드에 대해서 공부 중이에요. 주식형 펀드는 기대수익은 높지만 위험성이 크고, 채권형 펀드는 안정적이지만 기대수익은 낮은데 무엇이 더 좋은 걸까요?

적금은 이제 그만하고 투자해 보려고 하는데 어떤 펀드로 결정할지 고민되네요. 파생형은 좀 복잡하고 어려워서 생각도 안 하고요.

두 가지 중에서 고르려 하는데 채권형 펀드가 좋아요? 주식형 펀드가 좋아요?"

둘 다 좋다. 다만 시기에 따라 주식형 펀드가 좋은 시기가 있고 채권형 펀드가 좋은 시기가 있다. 전체적으로 주식시장이 좋을 때는 주식형 펀드가 유리하고 주식시장이 안 좋을 때는 채권형 펀드가 유리한 편이다. 하지만 투자시장에 대한 판단은 어렵고 규칙적이지 않으니 시기마다 전문가의 의견을 참고해야 한다.

펀드 상품에 대한 좋고 나쁨보다 투자자의 성향에 맞춰서 하는 것이 중요하다. 주식형 펀드는 변동성이 매우 심하다. 그런데 투자자가 변동성에 스트레스 받고 견딜 수 없는 성향이라면 주식형 펀드는 선택하면 안 된다. 차라리 기대수익은 적지만 꾸준하고 안정적인 채권형 펀드를 선택해야 한다.

반대로 공격적인 성향이며 변동성을 즐길 수 있다면 주식형 펀드가 적합하다. 하지만 투자를 해 보기 전까진 내 성향을 스스로 파악하기가 어렵다. 내가 생각한 내 성향이 실제와 다른 경우가 많기 때문이다.

가장 무난한 방법은 혼합형을 선택하는 것이다. 게다가 주식형과 채권형에 나누어 포트폴리오 투자를 했을 때의 결과가 각각 투자했을 때보다 좋았다는 통계도 있다.

다음 표를 보면 시간이 지날수록 세 가지 유형의 투자 방식에 대한 기대수익은 차이가 크지 않다. 또한 혼합형으로 투자한 포트폴리오는 5년째부터 손실 리스크가 없다. 유형별 펀드의 기대수익에 대한 차이는 점점 줄어들며 손실 가능성은 점점 없어지니 좋은 투자방식이라고 할 수 있다.

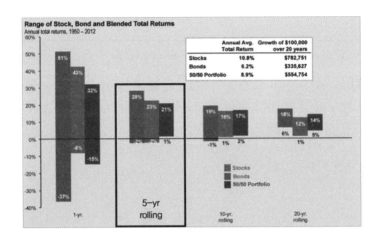

부동산 투자와 금융 투자 어느 것이 우선순위일까?

부동산 구입(투자)와 금융 투자 무엇을 먼저 할까요?

(35/김종환/회사원/남자/자산관리)

많은 사람이 부동산 투자를 해야 할까 말아야 할까 고민한다. 부동산은 삶에서 아주 큰 부분을 차지하고 있다. 사람들은 부모님 세대의 사례처럼 당연히 부동산 투자를 해야만 할 것 같다고 느낀다. 하지만 최근엔 유동성도 확보되고 다양한 투자가 가능한 금융투자가 더 나은 선택은 아닐까 고민하는 사람이 점점 많아지고 있다.

"일본의 부동산 불황 사례와 인구절벽 등 부정적인 이야기와 부동산 가격이 폭등하고 있다는 뉴스가 쏟아지고 있어요. 부동산 가격은 오르고 있지만 매입했다가 일본처럼 폭락해서 큰 손해를 보면 어쩌나 걱정됩니다.

차라리 그 돈으로 금융투자를 하는 게 나은 선택은 아닐까 생각하기도 해요. 부동산 구입(투자)과 금융 투자 뭘 먼저 할까요? 부동산 사야 할까요? 안 사는 게 나을까요?"

부동산에 대한 논란은 항상 있어왔다. 다만 투자의 관점이 아니라 사용자산의 개념으로 살펴보면 결정이 한결 편해진다. 투자의 대상으로 바라보면 오를지 말지를 언제나 고민해야 하지만 사용자산으로써 주거를 위한 대상으로 바라본다면 고민의 대상이 아니라 내 삶의 필수 요소라 할 수 있다.

내 집이 있으면 삶의 안정을 줄 수 있고 더 이상 고민하지 않고 업무에 집중할 수 있다. 반대로 아직 내 소유의 집이 없으면 임대계약이 만료될 때마다 임대료를 올려줘야 하거나 이사를 하기 위해 시간과 비용을 써야 한다.

이사를 한다면 보통 이사할 집을 알아보고 관련한 것들을 처리하고 다시 안정이 찾아오기까지 한 달 정도의 시간 소요와 매번 적지 않은 비용이 필요하다. 요즘 기준으로 적어도 평균 200만원 정도는 필요한 것 같다. 차라리 내 집이 있다면 그 시간과 비용을 아껴 본업에 충실하고 안정적이며 비용도 아낄 수 있어 자산증식에도 도움이 된다.

주거를 목적으로 한 사용자산으로 바라본다면 왜 가격 등락에 신경 쓰지 않아도 될까? 많은 사람이 주택가격이 상승할지 하락할지 신경을 곤두세우지만 거주하고 있는 주택 한 곳만 소유하고 있는 이들에겐 영향이 없는 이야기다. 내 집 값이 오르면 팔고 이사 갈 것인가? 동일한 유형의 집으로 이사를 한다면 내 집 값이 오를 때 이사 갈 곳도 올랐기 때문에 이득이 생겼다고 볼 수 없다.

집은 당연히 사야 하는 게 맞다. 다만 과도한 대출이 발생하면 안 되기 때문에 내 돈과 대출금의 비율이 적정해지는 시기에 취득할 것을 권유한다.

금융투자는 항상 해야 한다. 집을 사기 위해 돈을 모을 때도 해야 하고 집을 사고 나서도 돈을 모으고 쓰는 것을 반복하기 때문에 금융투자는 계속해야 한다. 저축은 은퇴 전까진 계속해야 하므로 금융투자 역시 멈춰서는 안 된다.

다만 부동산 투자와 비교하자면 최근 부동산 투자 대신 금융투자로 전환하는 경우가 많다. 과거처럼 부동산을 매수하기만 하면 오르는 시대가 아니라 잘 고른 부동산이어야 상대적으로 이익을 볼 수 있고 취득한 부동산을 관리하기가 쉽지 않기 때문이다.

부동산(땅을 제외한)을 소유하여 관리에 따른 비용과 세금을 고려한다면 오히려 유동성까지 확보된 금융투자가 수익률까지 좋은 경우가 많다. 예를 들어 오피스텔에 투자하여 연 8%의 월세수입과 추후 매매차익까지 얻지만 중간중간 생기는 공실과 중개수수료, 관리에 대한 비용과 세금을 제외하면 실질 수익이 4%가 채 안 되는 경우가 많다. 스트레스와 큰 노력이 필요하지만 기대할 수 있는 수익이 크지 않은 것이다.

반대로 금융투자의 경우 월지급식 펀드를 선택한다면 연 5~6%와 자산증식까지도 어렵지 않게 기대할 수 있다. 가입 이후에는 내 돈을 펀드매니저가 운용하고 나는 수익만 받으면 되니 관리에 대한 부담도 없다. 가끔 담당 자산관리사와 상의하여 펀드 교체나 포트폴리오 조정에 대해서만 고민하면 된다. 수익과는 별개로 부동산의 매매차익처럼 자산 상승을 기대할 수 있으니 부동산보다 오히려 더 낫다고 말하는 투자자들이 많다.

이 방식은 국내에서 점점 활성화되고 있고 선진국에서는 이미 오래전부터 활성화되어 있다. 나이가 들어도 할 수 있는 좀 더 편안한 방법이기 때문일까? 세계적인 기업인 슈로더자산운용에서 전 세계 30개국의

22,000명 이상에게 한 설문조사인 '2018 슈로더 글로벌 투자자연구결과'에 따르면 전 세계의 아직 은퇴하지 않은 사람들의 70%가 은퇴 후에도 계속 투자할 계획을 하고 있다고 한다.

또한 투자를 위한 정보는 전문적인 금융자문을 받는다고 한다. 게다가 투자규모에 제한받는 부동산과 달리 투자금액이 적어도 다양한 투자를 복합적으로 할 수 있다.

☑ **POINT**

금융투자는 부동산 취득을 위해 돈을 모을 때부터 은퇴 후까지 우리가 살아가는 동안 계속해야 한다. 부동산 투자는 거주를 목적으로 하는 부동산 취득을 우선적으로 해야 한다. 직접 거주할 목적이라면 대출에 무리가 되지 않는 정도에서 부동산 구매를 하는 것이 좋고, 투자의 관점이라면 전통적인 부동산 투자 방식보다 다양한 장점과 유동성까지 확보된 금융 빌딩(=펀드로 월세 받기) 투자 방식을 더 추천한다.

32

분산할수록 실패확률이 낮아지는 이유는?

 분산투자 안 하고 잘 고른 펀드 하나에만 집중 투자하면 안 되나요?

(35/김서영/주부/여자/자산관리)

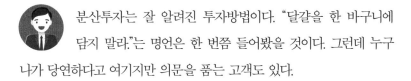 분산투자는 잘 알려진 투자방법이다. "달걀을 한 바구니에 담지 말라."는 명언은 한 번쯤 들어봤을 것이다. 그런데 누구나가 당연하다고 여기지만 의문을 품는 고객도 있다.

"경마할 때도 여러 경주마에 나누어 베팅하면 1등 상금이 그만큼 적어져 결과적으로는 총상금이 크지 않아요. 투자도 마찬가지일 것 같은데요.

분산투자 안 하고 잘 고른 펀드 하나에만 집중 투자하면 안 되나요? 가장 수익률이 높을 것 같은 펀드를 하나 골라주세요. 어차피 이익을 얻고 싶어 투자하는 건데 기왕이면 집중해서 투자금액이 커야 이익도 그만큼 커지는 거니까요."

분산투자 했을 때보다 수익률이 제일 높은 한 펀드에 투자금액을 집중해야 수익이 커지는 건 결과론적인 이야기다. 문제는 그 한 펀드를 어떻게 고를 수 있을까?

투자할 때 가장 중요한 건 잃지 않는 투자를 추구하는 것이다. 예를 들어 100만원을 투자하여 첫째 해에 +10% 수익률을 거두었다면 내 돈은 110만원이다. 그런데 그 다음해에 −10% 수익률이 난 것이다.

언뜻 생각하면 "첫째 해 +10%, 둘째 해 −10%니 결국 0% 겠군."이라고 생각할 수 있지만 착각이다. 110만원에서 −10%는 99만원이 된다. 즉, 겉으로 보이는 숫자에 현혹되면 안 된다.

그래서 투자를 할 때는 손실 나지 않게 하는 것이 가장 중요하다. 아무리 투자를 잘해도 마지막에 손실이 생기면 그동안의 투자가 물거품이 될 수도 있기 때문이다.

한 펀드에 집중하면 수익률이 높을 수도 있지만 손실이 생길 수도 있다는 것이다. 1등 경주마를 예상하여 베팅했는데 1등을 못 한다면 어떻게 할 것인가? 그래서 손실 확률을 낮추는 방법에 집중하기 위해 분산투자를 하는 것이다. 손쉽게 이해하기 위해 과일 장사를 통해 비유하겠다.

당신은 장사꾼이다. 올해 장사를 위해 한 종류의 과일을 선점해야 한다. 과일농사가 시작되기 전에 결과물에 상관없이 미리 비용을 지급하고 생산된 과일은 전부 당신 소유가 된다. 결과가 좋을 수도 있고 나쁠 수도 있다. 그렇다면 당연히 품질 좋고 생산량이 많은 곳을 선정해서 계약해야 많은 이익을 남길 수 있다.

먼저 과일의 종류를 골라야 한다. 그리고 생산 지역을 정해야 한다. 유명한 지역은 가격이 비싸고 반대로 너무 싼 곳은 품질이 걱정되니 잘 골라야 한다. 지역을 선정하더라도 지역 전체와 계약할 수는 없으니 범위를 좁혀 특정 마을을 골라야 한다. 그리고 마을 전체와 계약을 할지,

그중 한 농장과 집중 계약을 할지 결정해야 한다.

투자 결과는 내 선택에 따라 달라진다. 농사 결과물도 중요하지만 그해에 정말 그 과일이 비싼 가격에 팔릴지 아니면 인기 없는 과일이 될지도 모르니 신중하게 분석하고 예측해야 한다.

여기서 뛰어난 전문가라면 마을까지도 추려낼 수 있다. 그리고 기대수익을 조금 낮추더라도 실패하지 않기 위해서는 마을이 아니라 지역까지만 정해서 투자해야 한다. 즉, 분산할수록 실패확률은 낮아지고 성공확률이 높아진다.

정말 뛰어난 전문가라면 생산 농가까지도 골라낼 수 있겠지만 그런 전문가는 찾기 어렵다. 하지만 일반적인 전문가라면 지역까지 고르는 일은 어렵지 않고 조금만 더 노력을 기울인다면 마을까지도 예상해 볼 수 있다. 한 마을만 고르기에는 전문가도 부담스러우니 가장 확률이 높은 마을을 다수로 고르게 될 것이다. 그렇게 한다면 승률은 더욱 높아지고 실패확률은 낮아질 것이다.

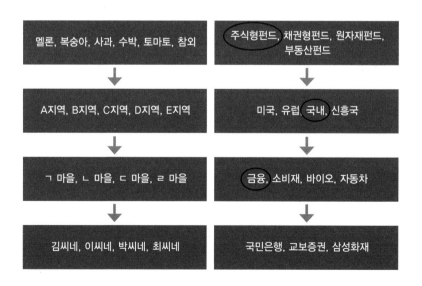

이는 펀드를 선정하는 과정과 매우 유사하다. 단어만 바꿔놨을 뿐 흐름은 크게 다르지 않다. 투자대상이라고 하면 매우 어렵지만 과일을 떠올리면 이해하기 쉽다. 전문가는 고객이 실패하는 투자를 하는 것을 원하지 않는다. 어쩌면 고객보다 더 고객의 성공적인 투자를 원할 것이다. 분산투자는 투자 성공을 위한 가장 쉬운 방법임을 잊지 말자.

☑ POINT

한 마리의 경주마에 베팅하여 '모 아니면 도' 식의 투자를 할 것인지 합리적인 승률과 이익을 목표로 하여 실패하지 않게 승률 높은 여러 경주마에 나누어 투자할 것인지는 당신의 선택이다.

33

엄청난 수익률 차이를 만드는 펀드 변경 방법

 펀드 변경(연금저축/변액보험/변액연금) 꼭 해야 하나요?

(36/박세은/교사/여자/자산관리)

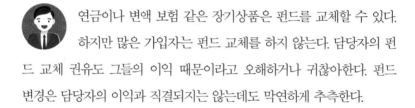 연금이나 변액 보험 같은 장기상품은 펀드를 교체할 수 있다. 하지만 많은 가입자는 펀드 교체를 하지 않는다. 담당자의 펀드 교체 권유도 그들의 이익 때문이라고 오해하거나 귀찮아한다. 펀드 변경은 담당자의 이익과 직결되지는 않는데도 막연하게 추측한다.

"아니 왜 자꾸 펀드 변경을 하라고 하세요? 사람 귀찮게. 그 냥 그거 안 하면 안 돼요? 펀드 변경 하나 안 하나 별반 차이도 없을 텐데 그냥 신경 안 쓰고 살래요.

그까짓 거 차이 나 봐야 얼마나 난다고 그러세요. 그거 펀드 변경 꼭 해야 하나요? 귀찮아요."

전문가마다 의견이 다르지만 나는 꼭 해야 한다고 생각한다. 투자할 때는 전략적 배분과 전술적 배분이 있다. 요약하면 전략적 배분이란 주식에 투자할지 채권에 투자할지처럼 좀 더 큰 범주로 장기적인 관점에서 정하고, 전술적 배분이란 주식에 투자하기로 했다면 국내/중국/미국 등 어떤 주식시장에 투자할지 세부적이고 단기적인 관점에서 결정하는 것이다.

담당자마다 펀드 교체에 대해 추천할 때 사용하는 방식이 다르다. 다음 두 가지 경우로 살펴보자. 첫 번째는 국내 주식형과 채권형 펀드만으로 펀드 변경을 시도했을 때를 가정한다.

(펀드 변경 시점에 대한 표시는 실제 고객들의 펀드 변경 안내를 했던 시점이다.)

A에서 B까지 흘러가는 2년 동안 펀드 변경을 한 번도 하지 않았다면 수익률은 0%일 것이다. 하지만 빨간색 화살표처럼 2년 동안 4번의 펀드 변경을 했다면 약 19%의 수익률이 났다. 물론 실제 펀드 운용 시 차이는 있겠지만 코스피 수치만으로도 그렇다.

주가 상승기에는 주식형 펀드를 주가 하락기에는 채권형 펀드로 교체하는 것이다. 물론 시기를 정확하게 맞추기는 어렵다. 하지만 큰 흐름의 추세라면 전문가의 도움을 받고 충분히 가능하다.

두 번째는 국가별 투자 대상을 변경하였을 경우로 예를 들겠다. 마찬가지로 실제로 고객에게 안내했었던 펀드투자 대상 국가들이다. 2016년의 증시는 한국(코스피)은 약 3%/유럽(유로STOXX50)은 약 12%/중국(상해A)은 약 −10%/미국(다우존스)은 약 22%의 변화율을 나타냈다. 한국이나 중국에 투자되는 펀드 대신 유럽이나 미국에 투자한다면 좀 더 결과가 만족스럽지 않을까?

펀드 변경 시기는 그리 자주 발생하지 않는다. 작은 흐름까지 전부 따라가긴 어렵기 때문에 큰 흐름의 변화만 따라가도 좋다. 적은 노력을 기울인다면 5년 뒤, 10년 뒤 차이가 점점 벌어질 것이다. 하지만 나는 많은 투자자가 그 차이에 대해 너무 둔감한 것을 직접 보고 경험했다.

자산을 늘리기 위해 투자를 결정하였는데 시간이 흘러 차이가 생긴 이유가 이런 행동실행력 아닐까? 다음 두 사람을 비교해 보자.

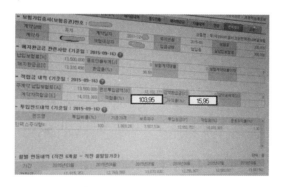

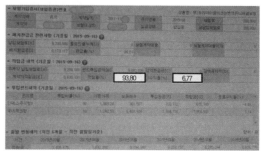

해당 화면은 2015년도 9월에 같은 상품을 같은 시기에 가입한 두 사람의 화면을 갈무리한 것이다. 아래 화면은 펀드 변경이 귀찮다며 꼭 해야 하냐고 물었던 질문의 당사자이다. 위 화면은 당시 같은 시기에 같은 상품에 가입한 사람이다.

위 사람도 펀드 변경을 잘하던 사람은 아니었다. 10번의 펀드 변경 시기가 주어진다면 4~5번 정도만 했었던 사람이다. 그런데도 두 사람의 수익률 차이는 약 10%이다. 해당 상품은 30년간 운용을 목적으로 가입하는 상품이었는데 가입한 지 4년도 안 되어 두 사람의 수익률 차이가 작지 않다.

시간이 흘러 3년이 지난 지금 위 사람의 수익률은 약 50%를 넘었고 아래 사람은 결국 수익률이 너무 작다며 불만을 터트리고 상품이 부실하다며 해지하였다.

만약 두 사람이 동일하게 상품을 유지하고 위 사람이 앞으로 좀 더 꼼꼼하게 관리한다면 수익에 대한 차이는 매우 벌어졌을 것이다. 아직도 펀드 교체(변경)를 귀찮다고만 여기겠는가?

☑ POINT
사무실로 가는 출근길에 도로에서 사고가 났다. 극심한 차량정체가 시작됐다고 라디오에서 알려온다. 귀찮다고 지각할 것이 예상됨에도 불구하고 금방 사고처리가 마무리되겠다는 막연한 기대감으로 다른 도로로 가는 선택을 포기하겠는가?

손해 보지 않는
내 펀드의 환매시기는?

수익률이 떨어진 펀드 환매해야 할까요?

(36/박미정/학원운영/여자/자산관리)

신규가입 상담뿐 아니라 기존에 이미 가입했던 금융상품에 대한 고민 때문에 상담 요청을 받곤 한다. 매달 돈은 납입하는데 불필요하거나 본인의 선택이 잘못된 것은 아닐까 하는 걱정 때문이다. 그래서 해지할지 유지할지에 대해 질문한다. 고객이 어느 날 고민이 있다며 상담 요청을 해 왔다.

"학원 운영을 시작할 때부터 거래해오던 근처 은행이 있어요. 창구에 가면 은행원들이 수익률이 높다며 펀드 가입 권유를 하는 경우가 많아요. 적금 금리도 낮고 최근 뉴스 보니 펀드수익률이 높다고 해서 펀드를 4개 가입했어요.

1년 정도 지났는데 한 펀드만 빼고 나머지 펀드들이 전부 마이너스 수익률인 거예요. 너무 속상해서 펀드수익률이 더 떨어지기 전에 그냥 다 돈을 찾을까 하다가 혹시나 해서 자산관리사님께 연락드렸어요.

한번 살펴봐 주실 수 있을까요? 수익률이 떨어진 펀드 환매

해야 할까요? 아니면 그냥 기다려야 할까요? 살펴봐 주시고 조언
해 주시면 감사하겠습니다."

펀드수익률이 떨어질 때 다른 펀드로 갈아타거나 환매를 해야 할지
말아야 할지 고민하기 전에 살펴봐야 할 것이 있다. 바로 펀드를 잘 골
랐는지 여부다.

다음 내용은 잘 고른 펀드라는 전제 조건으로 설명하였다.

펀드는 투자상품의 특성상 계속 기준가격이 변한다. 많은 사람이 펀
드가 하락하면 환매부터 고민한다. 펀드에 가입한 이후 펀드의 움직임
을 예측해 본다면 하락하는 것은 흔한 일이다.

펀드 가입 이후 흔히 일어나는 펀드의 움직임을 그래프로 예를 들어
보았다. 이 다섯 가지의 움직임이 반복될 것이다. 이 중 C가 계속되는 상
황만 아니라면 펀드 가입자는 손실을 피할 수 있다. 그런데 환매를 고려
한다면 C의 상황일 것이다. 조금만 시간이 지나면 C는 E로 바뀌게 된다.

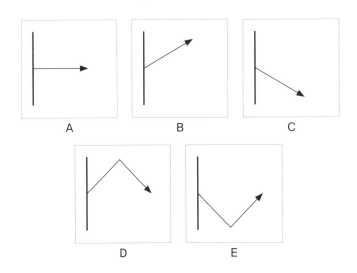

앞서 소개한 펀드 선택의 기준에 부합되는 펀드라면 적립식 펀드로 가입한 경우 E의 움직임을 겪고 나서 반드시 수익률이 상승한다. 펀드가 하락한 때는 펀드를 좀 더 저렴하게 매수할 기회이기 때문이다.

고객의 경우 가입한 4개의 펀드 중 2개는 펀드선정 기준에서 한참 미달하였고 2개의 펀드는 기준조건을 충족하였다. 상담결과 2개의 펀드는 과감히 해지하고 나머지 2개의 펀드에 집중하기로 하였다.

유지를 결정한 펀드는 운용능력은 우수하지만 현재 시점의 증시가 좋지 못해 하락한 경우였다. 이후 증시 상황이 좋아진다면 해지할 펀드보다 유지를 결정한 펀드가 빠른 수익 상승률을 보여줄 것이다.

운용능력이 좋지 못한 펀드가 회복되길 기다리기보다는 상대적으로 수익률을 잘 내는 펀드로 돈을 옮기는 것이 회복과 수익률에 더 도움이 될 것이기 때문이다. 게다가 현재는 운용능력이 좋은 펀드의 저가매수를 할 기회라고 판단되었다.

☑ POINT

많은 사람이 투자상품에 가입할 때는 B의 경우를 기대한다. B의 경우가 실제로 일어날 확률은 20%이다. 나머지 80%의 상황이 발생하면 잘못된 선택은 아닐까 고민하는 사람이 많다. 우리는 이 80% 상황을 잘 관리하고 판단해야 원하는 수익률을 얻을 수 있다. 물론 B의 경우만 일어난다면 좋겠지만 어디 세상일이 내 바람처럼만 되겠는가.

주식 투자 발바닥과 머리가 보이지 않는 이유는?

발바닥에서 사서 머리에서 팔 순 없을까요?

(37/인미경/주부/여자/자산관리)

흔히 투자자산의 가격이 높을 때를 머리라 말하고 낮을 때를 발바닥이라 말한다. 투자자산의 가격을 몸에 비유하는 것이다.

투자의 시점에 대해 비유하는 '무릎에서 사서 어깨에서 팔아라'라는 말이 있다. 그만큼 발바닥에서 사서 머리에서 파는 게 어려울 수 있다고 해석이 되기도 하지만 리스크를 줄이기 위함이기도 하다.

발바닥인 줄 알았는데 어깨나 머리가 될 수도 있고 머리인 줄 알았는데 발목일 수도 있다. 그만큼 현재 시점의 위치에 대한 판단은 매우 어렵다.

"투자하고 싶은데 지금 시점이 바닥이 아니면 어떡하죠? 괜히 시작했다가 하락하기 시작하면 꼭대기에서 시작하게 되는 셈인데 지금이 머리는 아닌가요? 아직 발바닥인지 아닌지 모르니 무릎에서 사라고 하는데, 그러면 그만큼 수익을 덜 내는 거잖아요. 발바닥에서 사서 머리에서 팔 순 없을까요?"

현재 시점이 고점인지 저점인지 판단하기는 매우 어렵다. 고객들은 항상 나에게 지금이 투자하기 좋은 시기인지, 밑바닥인지를 묻는다.

하지만 대답은 불가능하다. 현시점에 대한 판단은 투자를 시작하고 시간이 지나야 확인할 수 있다. 그러나 투자를 하지 않았다면 기준점이 없기 때문에 비교하기 어렵다. 일단 투자를 시작하지 않으면 주가가 낮으면 더 떨어질 것 같아서, 주가가 높으면 곧 떨어질 것 같아서 투자를 시작하지 못 한다.

한번 속도가 붙으면 계속 힘이 작용하려 하는 관성은 증시에도 적용된다. 큰 추세로 본다면 한번 방향이 정해지면 잘 바뀌지 않는다. 그래서 상승추세가 형성되면 당분간은 상승으로 봐도 무방하다.

요점은 현재가 상승추세인지 아닌지를 판단하는 것이다. 그래서 상승추세가 충분히 형성되었다고 판단되는 시점은 발바닥이 아니라 무릎이 되는 것이다.

증시는 항상 살아 있는 생물처럼 움직인다. 그래서 일시적인 움직임이 있고 장기적으로 흘러가는 추세가 있다. 하락의 경우는 현재의 움직임이 일시적인지 장기적인지를 바로 알기 어렵다. 하락추세라고 판단 내릴만한 증거들이 필요하기 때문에 머리가 아니라 어깨까지 살펴보고 판단하는 것이다. 그래서 뛰어난 전문가라도 투자자산을 발바닥에서 사서 머리에서 팔기는 매우 어렵다.

코스피 | 2018.06.18 2,404.68 2,405.56 2,365.31 2,376.24 ▼-27.80 -1.16%
2008.02.29 시: 1,701.75 고: 1,739.60 저: 1,701.64 종: 1,711.62 ▲ 25.17 1.49% 거: 1,461,510
이동평균선 5 20 60 120
linear
최대값 2,085.45 (13.94%)
2,000
1,500
1,000
최소값 892.16 (166.35%)
2007.04
2007.10
2008.04
2008.10
(사진 속 세 개의 봉우리가 사람의 머리와 양어깨에 비유된다)

☑ POINT

바닥에서 투자하고 싶은 사람이 많지만 결과적으로 시간이 흘러야 바닥이라고 정의할 수 있다. 진짜 바닥은 내가 투자를 시작한 시점이며 머리는 내가 이익을 확보하여 투자를 끝내고 나왔을 때다. 타인과의 비교는 투자시점이 다르다면 의미 없는 비교다.

나에게 맞는
투자금융기관 고르는 방법

투자자문서비스는 은행, 증권과 무엇이 다른가요?

(37/이향미/식당운영/여자/자산관리)

서비스산업이 점점 발달하면서 금융서비스도 발전하고 있다. 근래에는 단순히 가입할 만한 상품 추천을 넘어 나만을 위한 섬세한 맞춤서비스를 원하는 고객이 많아지고 있다. 그래서 은행이나 증권사에 방문할 때 그런 서비스를 기대하는 이가 많다.

하지만 현실은 그렇지 못해 실망하는 사람이 대부분이다. 최근에는 부자들만을 위한 서비스였던 자산관리 서비스의 문턱이 낮아지며 일반인들에게도 제공되고 있다. 그러나 아직은 널리 알려지지 않아 생소해하는 사람이 많다.

"그런 서비스 저도 받을 수 있나요? 비용은 어떻게 되죠? 그런데 은행이랑 증권사에 가서도 상품 가입하겠다고 하면 상품 추천 이것저것 해 주던데……. 그것 하고는 무엇이 다른가요?

사실 요즘엔 금융상품 영업하는 분도 워낙 많고 인터넷도 발달해서 검색 좀 하거나 지인 몇 사람에게 연락하면 추천해 준다는 곳 많던데요. 굳이 비용까지 내가며 그런 서비스받는 게 좋은

점이 있을까요?

심지어 은행과 증권사에서는 펀드 가입하면 선물을 주거나 이벤트도 한다던데……. 소비자 입장에서는 당연히 상품 가입도 하고 그렇게 선물도 받는 곳이 더 마음이 가요. 좀 생소한데 자문 서비스받으면 어떻게 다른지 구체적으로 좀 설명해 주세요."

자산관리를 통해 내 자산을 늘리려면 투자 수익을 챙기는 것은 매우 중요하다. 아니 반드시 신경 써야 하는 필수사항이나. 일반인들이 가장 많이 하는 방법은 펀드투자다.

펀드투자를 할 때는 판매사(은행, 증권, 보험)에서 최근 수익률이 높았던 상품들 중심으로 권유받는다. 그리고 가입 이후 일정 시간이 지나면 또다시 수익률이 높았던 상품으로 갈아타라고 권유받는다. 즉, 앞으로 유망한 투자에 대한 추천보다 과거 기준의 수익률을 중심으로 추천된다. 사실, 그렇게 설명하는 편이 설득도 빠르고 단시간에 많이 판매할 수 있기 때문이다.

투자 시장 전체에 대해 설명하고 고객과 의견을 나누며 투자분야를 선정하고 설계하는 것은 그만큼 시간이 많이 필요하고 판매 효율성이 떨어지기 때문이다.

상상해 보자.

창구에 앉은 많은 고객에게 금융상품을 단시간에 판매해야 하는데 긴 시간을 들여 컨설팅한다면 번호표를 들고 있는 수많은 대기고객은 불만을 터트릴 것이다.

한 고객을 위해 1시간 동안 상세하게 설명하고 컨설팅했는데 고객이 월 50만원의 펀드를 가입한다고 가정하자. 은행이나 증권사 등의 판매사에게 평균 1%의 판매수수료가 발생하는데 1시간 동안 매출이 5,000원이라면 판매사의 사업장이 유지될까?

이것이 고객들이 흔히 접하는 판매사 중심의 시스템이다. 즉, 판매사는 판매를 많이 해야 매출이 많이 발생한다. 만약 고객이 가입한 펀드가 앞으로도 상승 가능성이 높아 매매하지 않고 그대로 유지한다면 매매회전이 없어 판매사는 더 이상의 매출이 발생하지 않는다. 고객이 가입한 펀드를 매도하고 새로 가입하거나 신규판매를 해야 매출이 발생하기 때문이다.

판매사가 잘못된 것이 아니라 구조상 잦은 매매를 해야 매출이 발생하기 때문에 매매를 많이 권유할 수밖에 없다. 그래서 판매사는 컨설팅을 바탕으로 이루어진 고객중심의 투자설계보다는 판매수수료 중심의 상품 판매에 집중할 수밖에 없다.

하지만 투자자문서비스는 다르다. 단어 그대로 투자에 대한 의견을 제시하고 그에 대한 비용을 받는다. 판매수수료는 받지 못 한다. 투자자문서비스는 고객의 자산 규모와 관련하여 수수료를 받는다.

자문계약 고객의 자산이 크면 클수록 많은 수수료를 받을 수 있게 된다. 그래서 투자자문사는 고객의 자산이 커지는 데 집중할 수밖에 없다. 좀 더 자산관리에 집중된, 자산이 커질 수 있는 투자자문을 하게 된다.

주로 추천되는 상품도 일반적인 판매사와는 아주 다르다. 유망한 투자시장에 대한 의견은 바뀔 수도 있고 틀릴 수도 있으니 별개로 하고 구조적인 차이만을 설명하겠다.

최근 화제인 베트남에 투자되는 상품을 예로 살펴보자.

A는 판매사를 통해 가입하게 되며 1%의 판매수수료와 1.8%의 보수를 부담해야 한다.

보수율 (순자산 총액기준)	운용회사 보수	판매회사 보수	수탁 (자산보관회사)	일반사무 수탁회사보수	총보수
	0.8500%	0.9000%	0.0600%	0.0180%	1.8280%

수수료	판매수수료	환매수수료
	1.00%	없음

	A	B	C
판매수수료	1%	0%	0%
총보수 (1년 기준 운영보수)	1.8%	1.3%	0.7%
1년 기준 수수료	(100만원 − 100만원 × 1%) × 1.8%	100만원 × 1.3%	100만원 × 0.7%

동일 펀드인 B는 수수료가 저렴한 온라인 전용상품으로 권한다면 판매수수료 0%에 총보수 1.27%다. 마찬가지로 C는 동일 회사에서 같은 분야에 투자되는 펀드이며 판매보수는 없고 총 보수는 0.7%이다.

비용을 계산해 보겠다.

100만원을 투자하고 수익률은 계산상 편의를 위하여 0%로 하겠다. A의 경우 100만원에서 판매수수료 1%가 차감되고 펀드에 투입되는 적립금은 99만원이며, 99만원을 운용하는 대가로 1년 기준으로 '원금 + 수익률'의 1.8%를 수수료로 차감한다. 수익률 0%라고 가정한다면 1년간 A는 판매수수료 1만원과 99만원을 운용하는 수수료 1만 8천원을 합하여 2만 8천원이다. 만약 수익률이 높아진다면 '(원금 + 수익금) × 보수율'이기 때문에 수수료는 더 높아진다. B는 1만 3천원, C는 7천원이다. 1년 기준이지만 차이가 작지 않다.

A, B, C를 비교하였을 때 구조적인 측면에서 C가 당연히 고객에게 유리하며 수익률도 높아질 수밖에 없다. 비용을 적게 지급하니 동일 수익률이라면 운용되는 자산의 크기가 더 크기 때문이다.

B와 C는 고객에게 더 유리하지만 고객들이 권유받는 경우는 정말 찾아보기 어렵다(간혹 소액이라 업무처리가 귀찮거나 방해가 된다면 차라리 온라인으로 하라고 권유할지도 모른다. 온라인으로 하라고 권유받았다고 해서 본인이 특별대우를 받는 것은 아니다). 판매수수료가 없기 때문에 매출 발생에 도움이 안 되기 때문이다. 판매사는 판매를 자주 할수록 반복할수록 매출에 도움이 된다.

하지만 투자자문사의 자문서비스는 비용을 줄일수록 수익률에 도움이 되기 때문에 비용이 저렴하거나 없는 상품을 더 권할 수밖에 없는 구조다.

이것이 가장 큰 차이점 중 하나다. 그리고 투자기간 중 자문서비스나 세미나, 투자의견안내 등 부가서비스를 제공 받을 수 있다. 투자자문사마다 차이가 있지만 평균적으로 투자자산의 연 1% 또는 최소비용 20만 원을 자문보수로 받게 된다.

구조적인 차이와 지급하는 비용에 대해 이해하고 진지하게 고민해볼 필요가 있다. 비용도 줄이고 나를 위한 투자의견도 받을 수 있는 자문서비스, 이용할만한 가치가 있지 않을까?

☑ POINT

수수료 차이가 작다고 느껴질지도 모르지만 시간이 지남에 따라 수익률은 큰 차이가 있다. 1억원을 투자하고 매년 5%의 수익률을 가정하고 30년이 지났다. 저비용 상품(총보수 0.3%)의 총자산은 4억원이 되었고 고비용 상품(총보수 1.5%)은 2억 8,000만원이 되어 1억 2,000만원의 차이가 발생한다. 당신은 어떤 상품에 투자하겠는가?

수십 개의 삼성전자에 소액으로 투자하는 방법은?

4차 산업 펀드가 어디에 투자되나요? 정말 좋은 건가요?

(38/이승민/회사원/남자/자산관리)

최신 키워드 중 하나는 4차 산업이다. 특히, 이세돌 기사와 알파고의 경기로 인해 다큐도 여러 편 나왔을 정도로 화제가 되었다. 자산관리사의 시선에서는 앞으로 우리 삶을 바꿔놓을 4차 산업을 필수 투자 대상으로 바라본다.

"얼마 전 바둑경기로 인해 4차 산업이라는 단어를 처음 들어봤어요. 앞으로의 중심 산업은 4차 산업이라는데 그게 뭘 말하는 건가요? 그리고 포트폴리오에서 4차 산업 펀드를 적극적으로 추천해 주셨는데 4차 산업 펀드가 어디에 투자되나요? 정말 좋은 건가요?"

4차 산업에 대한 정의에 대해서는 여러 가지가 있지만 지금 알려진 신기술이나 개발 중인 기술 중 상당수가 해당한다. 예를 들면 로봇, 인공지능, 클라우딩 컴퓨터, 자율주행차, 사물인터넷, 드론, 3D프린터가 해당한다. 그 이외에도 많은 분야가 있다.

지금 시대는 과거의 패러다임과는 확연히 달라지고 있다. 지난 40년은 생산과 세계화의 시대였지만 지금은 기술의 시대이다. 과거의 중심 기업들은 3차 산업에 해당하는 기업들로 GM, 현대자동차, 노키아 등이 해당한다. 이런 기업들은 지금의 규모로 성장하기까지 수십 년이 걸렸다. 인력은 당연하고 제품 생산을 위한 시설부터 땅, 제품 보관 창고 등 기업이 성장하고 운영되기 위해 많은 자본과 시간이 필요하다.

그러나 4차 산업의 기술 중심 기업들은 수십 년이 아니라 수년 만에 거대기업이 되었다. 알리바바, 텐센트, 아마존, 구글, 페이스북, 넷플릭스, 카카오 등이 대표적인 기업들이다. 지금 규모로 성장하기까지 3차 산업의 기업들처럼 수십 년이 아니라 단 몇 년 만에 폭발적인 성장이 가능했다.

바로 기술 중심이기 때문이다. 그리고 그 기술의 시대가 4차 산업의 핵심이라고 해도 무방하다. 재고나 고정적인 투자비용이 계속 들어가지 않는 콘텐츠나 플랫폼 전문회사가 많다. 공장을 직접 운영할 필요도 없고 많은 인력이 필요하지도 않고 유지비용도 3차 산업 회사들보다 상당히 적다. 현대자동차와 카카오를 떠올리면 이해가 쉬울 것이다.

4차 산업 기업들의 특징은 국가 간의 교역을 통해 돈을 벌어들이는 것이 아니고 서비스를 제공하여 수익을 창출하는 기업이 많다. 유지비용은 적게 필요하고 벌어들이는 수익은 성장성이 어마어마하다. 그래서 전통적인 방식의 과거의 잣대로 그들을 평가하기도 어렵다.

세계적으로 투자의 대가로 알려진 워런 버핏이 얼마 전 화제였다. 금리 인상과 글로벌 무역전쟁에 대해 불안감이 만연하고, 앞으로 아이폰 수요가 줄어들 것이라며 많은 투자자가 애플의 주식을 팔았고 이제 매력이 없다며 부정적인 시각이 많았었다.

뉴스   관련도순   최신순

<u>애플, 아마존, 구글, MS... 미국 IT기업 줄줄이 시총 1조 달러 달성 예고</u>
IT동아   2018.06.11.   ↗

워런 버핏도 선택한 **애플**... 가장 유력한 1조 달러 후보 시총 1조 달러의 고지에 가장 가까운 기업은 역시 **애플**이다. **애플**은 지난 5월 초 9450억 달러의 시총을 기록하며 정상에 거의 근접했다. 이날 **워런 버핏**의 버크셔...

<u>워런 버핏, 1분기 애플 주식 7500만주 더 샀다...'환상적인 기업'</u>
이코노뉴스   2018.05.05.   ↗

워런 **버핏** 버크셔해서웨이의 회장【오마하=AP/뉴시스 자료사진】【이코노뉴스=김은주 기자】'투자의 귀재' 워런 **버핏**이 이끄는 투자사 버크셔 해서웨이가 올해 1분기 7500만주의 **애**플 주식을 추가 매수했다고 CNBC가 4일...

<u>[한눈 미국경제] 10년 전에 애플 주식을 샀다면 지금 가치는 7배 이상 올라</u>
이코노믹리뷰   2018.05.29.   ↗

초 워런 **버핏**은 애플 주식 7500만주를 추가 매입해 - 워런 **버핏**은 기존에 이미 1억6530만 주를 보유하고 있었으며 장기투자를 계획한다면 **애플**에 지금 투자하는 것도 늦지 않았다고 긍정적 전망 보여 성병찬 / 저작권자...

　　그런데 그때 워런 버핏은 7,500만 주를 추가로 매수하여 애플의 3대 주주가 된 것이다. 그리고 인터뷰에서 "많은 시간을 들여 3개월 동안 아이폰X가 얼마나 팔릴지를 추측하는 것은 핵심을 벗어난 것이다. 그것은 마치 10년 전에 블랙베리가 얼마나 팔릴지를 걱정했던 것과 마찬가지다. 아무도 내년에 비가 올지 안 올지를 걱정하며 농장을 사지 않는다. 우리는 10년 또는 20년 동안 정말 좋은 투자라고 생각할 때 투자를 한다."라고 설명했다.

　　워런 버핏조차 자신이 아마존에 투자하지 않은 것이 문제였다며 인터뷰를 한 적이 있었고 지금은 4차 산업 투자에 집중하고 있다. 버크셔 해서웨이(Berkshire Hathaway Inc., 워런 버핏의 투자 전문 기업)의 포트폴리오에서 애플이 약 21%로 비중이 가장 높으며 점차 4차 산업의 비중을 높이고 있다.

그 외의 세계적인 투자기업들도 최근 포트폴리오를 살펴보면 4차 산업 관련 기업의 비중을 늘리고 있다. 그런데 일반인들은 아직 4차 산업 투자에 관심이 적다. 그래서 투자회사들이 앞서가며 돈을 많이 버는 듯하다.

"예전에 삼성전자나 삼성화재 같은 기업의 주식이 상장되었을 때 투자했다면 부자가 됐을 거야."라고 말하는 사람은 많다. 그 사람들은 내게 그런 주식을 추천하면 당장 투자하겠다며 알려달라고 하지만 알려줘도 결국은 또 투자하지 않는다.

시간을 되돌린다면 과연 그들이 해당 기업의 초기에 투자했을까? 아마 확실한 상승이 보장되는 것이 아니면 안 한다고 하거나 조금 상승하면 금방 팔아버렸을 것이다. 어쨌든 선견지명이 부족하여 투자는 안 했을 것이다. 그리고 그 기업이 잘 성장할지 의문을 품었을 것이다.

4차 산업에 대한 투자도 마찬가지다. 3차 산업의 승자 기업들이 성장한 속도와 규모보다 더 단기간에 빨리, 크게 성장할 것이다. 만약 이 기회를 놓친다면 우리는 또다시 후회할지도 모른다. 한번 지나간 기회는 돌아오지 않는다. 폭발적인 성장의 초기에 투자하는 것은 우리의 자산을 성장시킬 기회다.

4차 산업이 성숙한 뒤에는 이미 시기가 늦거나 성장성이 낮아져서 기대수익률이 줄어들 것이다. 그리고 이런 기회를 언제 또 만날 수 있을지 모른다. 자산관리사로서 고객의 포트폴리오에 4차 산업에 대한 투자를 편입시키는 것은 필수이다. 고객의 자산을 성장시킬 중요한 기회이기 때문이다.

특정 몇 개의 기업에 대한 직접 투자보다 여러 기업에 골고루 투자되는 펀드나 ETF가 좋다. 그 많은 기업 중 어느 기업이 삼성전자처럼 성장할지 알 수 없기 때문이다. 앞으로 몇 년 동안 성장할지 알 수는 없으나 아직 초기인 건 확실하다. 투자했다면 단기간의 변동에 크게 흔들리지 말자. 늦지 않았으니 꼭 투자해 보길 권한다.

☑ POINT _____

과거에 삼성전자에 투자할 기회를 만나지 못한 것에 대해 후회했는가? 우리는 지금 수십 개의 삼성전자와 같은, 어쩌면 그 이상 성장할 기업에 투자할 기회를 만났다. 당신의 인생을 바꿔놓을지 모를 이 기회를 그냥 흘려버리기엔 너무 아깝지 않은가?

펀드와 ELS는
트럭과 승용차의 차이?

펀드보다 ELS가 더 좋은 거 아닌가요?

(38/박은지/주부/여자/자산관리)

고객과 정기 모임이 있던 날 호기심 가득한 얼굴로 질문하셨다.

"친구가 은행에 갔다가 ELS*라는 상품 설명을 들었다고 해요. ELS가 펀드보다 훨씬 안정적이고 수익률도 좋은 금융상품이라면서요? 은행 직원이 ELS에 한 번 투자해 보라고 추천해 줬대요. 수익률도 꽤 괜찮을 거라고요. 미국과 홍콩에 투자가 되는데 원금도 어느 정도 보장된다는데 그렇다면 펀드보다 ELS가 더 좋은 거 아닌가요?"

ELS는 종류가 많지만 상품의 구성 원리는 비슷해서 다음 예시로 설명하겠다.

---

* 주가연계증권(equity-linked securities, ELS)는 개별 주식의 가격이나 주가지수에 연계되어 투자수익이 결정되는 유가증권이다.

위험등급	원금지급여부	기초자산	예상수익률	상품유형
고위험	원금비보장	HSCEI S&P500	세전 연 5.04%	스텝다운

상환조건	최대손실률	청약기간	입고일/환불일
3년/6개월, 50%-(95,95,90,85,80,75)%,세전 연 5.04%	100 %	2018-06-15 ~ 2018-06-21	2018-06-25 ~ 2018-06-22

구분	상환조건	수익률(세전)
자동조기상환	각 중간기준가격 결정일에 각 기초자산의 종가가 모두 행사 가격 이상인 경우	연 5.04%
만기상환	각 기초자산의 최종기준가격이 모두 **최초기준가격의 75%** 이상인 경우	15.12% (연 5.04%)
	하나의 기초자산이라도 종가가 **최초기준가격의 50%** 미만인 적이 없는 경우	15.12% (연 5.04%)
	하나의 기초자산이라도 종가가 **최초기준가격의 50%** 미만인 적이 있으며, 하나의 기초자산이라도 최종기준가격이 **최초기준가격의 75%** 미만인 경우	−100% ~ −25%

■ 자동조기상환

6개월마다 자동조기상환 시점을 두어, 각 기초자산의 중간기준간격이 모두 해당 시점의 행사가격 이상인 경우
→ 원금 + 세전 연 5.04% 수익 지급

자동조기상환 시점	6개월	12개월	18개월	24개월	30개월
자동조기상환 행사가격 [최초기준자격 대비]	95% 이상	95% 이상	90% 이상	85% 이상	80% 이상
자동조기상환 수익률 (세전)	2.52%	5.04%	7.56%	10.08%	12.6%

기초자산의 가격기준으로 자동조기상환과 만기상환 조건이 주어진다. 이 조건충족 여부에 따라 수익이 결정된다. 이 ELS의 경우 두 기초자산의 가격변동 여부가 중요한 변수이며 최초 가격의 75% 이하로 떨어지지만 않으면 '원금 + 수익'을 챙길 수 있다.

이 상품에 대한 판단 여부는 기초자산인 HSCEI*와 S&P500**에 대해 분석해야 한다. 향후 3년간 점차 기준 구간이 낮아지며 최초보다 25% 이상 하락할 가능성이 얼마나 있을지가 중요하다. 하락하지 않으면 연 5% 수준의 수익이 생기는 것이고 하락한다면 원금손실의 가능성이 생긴다.

ELS는 좋은 발행조건이라면 안정적이며 조건의 달성 가능성이 높지만 기대수익은 낮아질 수밖에 없다. 이런 유형의 상품은 펀드보다 좋고 나쁘다는 판단을 내리기 어렵다. 조건에 따라 다르기 때문이다.

전문가마다 의견이 다르겠지만 ELS를 적극적으로 추천하지는 않는다. 그 이유는 베팅의 성격이 강하며 유동성은 부족하고 기대수익은 연 5%지만 반대로 손실범위는 100%이기 때문이다. 물론 확률은 대단히 낮지만 손실 가능성은 분명히 있다. 펀드는 손실 가능성은 100%이지만 수익 가능성은 그 이상도 가능하기 때문이다.

그러나 ELS 중에서도 잘 고른다면 아주 유리한 조건에 수익추구가 가능하므로 어디까지 개개인의 상황과 취향 및 판단에 따라 좋을 수도 나쁠 수도 있다.

☑ POINT

ELS와 펀드는 특징과 장단점이 다를 뿐 좋거나 나쁘다의 비교대상이 아니다. 트럭과 승용차 중 어느 것이 더 좋은 차량이냐고 물으면 사용목적과 용도에 따라 다른 것과 같다.

---

* 중국본토기업이 발행했지만 홍콩 거래소에 상장되어 거래되고 있는 주식(H-Shares) 중 시가총액, 거래량 등의 기준에 의해 분류한 40개 종목으로 구성된 지수이다.

** 미국의 Standard and Poors이 작성한 주가 지수이다.

강남부자들이 제일 선호하는 펀드는?

일반펀드, 인덱스 펀드, ETF 중 무엇이 제일 좋을까요?

(39/박민지/교사/여자/자산관리)

관심을 두고 펀드에 대해 공부하면 여러 용어가 등장한다. 비슷한 것 같기도 하고 어느 것이 더 좋은지 헷갈릴 수도 있다. 하지만 그만큼 관심을 갖고 찾아봤다는 증거다.

"저 너무 초보적인 질문 하나만 해도 될까요? 저만 이런 거 모르는 것 같다는 생각이 들어서요. 펀드에 대해 공부하다 보니 좀 헷갈려요. 일반펀드, 인덱스 펀드, ETF 중 무엇이 제일 좋을까요? 어떤 책은 일반펀드가 좋다고 하고 어떤 책은 ETF가 최고의 상품이라 해요. 또 강의에서는 인덱스 펀드에 투자해야 한다고 해요. 전부 다 좋은 걸까요?"

형태와 운용 방법의 차이에 대해 먼저 이해해야 한다. 일반(액티브) 펀드는 시장초과 수익을 올리기 위해 펀드매니저가 주가가 오를만한 종목을 골라 적극적으로 운영한다. 수익률이 시장 평균보다 높을 가능성이 있지만 펀드매니저의 종목선정이 잘못될 위험성이 있고, 그만큼 비용

(운용수수료)도 타 펀드보다 더 들어간다. 인덱스 펀드는 특정 주가지표와 동일한 움직임을 목표로 하므로 펀드매니저의 영향이 거의 없다.

ETF는 펀드(일반, 인덱스)와 운영은 비슷하지만 가입하는 형태가 아니라 주식처럼 증시에 상장되어 거래되는 펀드다. 일반적인 펀드는 3개월이 지나야 해당 펀드가 어디에 투자되었는지 상세 투자 내역을 확인할 수 있지만 ETF는 실시간으로 바로 확인할 수 있다. 게다가 운영수수료도 매우 저렴한 편이다.

사실 ETF에 대한 단점을 찾기가 힘들며 일반(또는 인덱스) 펀드보다 장점이 훨씬 많다. 단점은 한국거래소에서 가능한 ETF가 아직 많지 않아 해외 ETF를 적극적으로 활용해야 하는데 환전을 해야 하거나 국내 ETF보다 추가 절차가 있는 번거로움이 있다.

또한 매우 많은 ETF가 있어서 고객이 스스로 고르는 데 어려움을 겪기도 한다. 일반펀드와 인덱스 펀드는 운영방법의 특징이 다르므로 무엇이 더 좋다고 단정 짓기가 어렵다. 시기에 따라 알맞은 특징이 다르기 때문이다. 투자 상황은 계속 변하기 때문에 한 펀드유형만 계속 좋을 수는 없다.

다만, 주가 상승이 예상되며 시장 상황이 좋을 때는 초과수익을 추구하는 일반펀드를 추천하는 편이며, 보통은 두 펀드(일반, 인덱스)보다 ETF가 장점이 많기 때문에 적극적으로 추천한다.

☑ **POINT** _____

ETF는 강남부자들이 제일 좋아하는 펀드다. 그만큼 투자자에게 장점이 많기 때문이다. 펀드 상품을 선택할 때는 ETF를 강력히 추천한다. 상품 선택이 어렵다면 전문가에 상담을 요청하여 적극적으로 도움을 받자.

복리 비과세
마법의 진실은?

복리투자 정말 효과 있나요?

(39/신정화/주부/여자/자산관리)

복리는 재테크 중 가장 널리 알려진 수단이다. 그래서 많은 사람이 복리를 찾는다.

"SNS를 하다 보니 여러 재테크 게시글에서 복리에 대해 언급하더군요. 그런데 복리투자 정말 효과 있나요? 저는 이게 정말 높은 수익률을 가져다줄지 의문이 들어서요. 게다가 복리 상품으로 알려진 건 보험인데 정말 비과세가 실질적으로 효과가 있는지도 궁금하고요."

과거와 달리 요즘은 복리 효과를 누리기가 어렵다. 금리가 낮기 때문이다. 다음 페이지의 표들을 살펴보자.

매월 10만원씩 저축했을 때 단리와 복리 비과세의 차액을 정리한 것이다. ( ) 안의 숫자는 해당 연도의 차액을 현재의 화폐가치(물가상승률 2%로 가정)로 환산한 것이다.

	10년	15년	20년(2,400만원)	25년
1%	11(9)	27(20)	53(35)	89(54)
2%	26(21)	68(50)	139(93)	249(150)
4%	67(55)	195(144)	435(290)	832(502)
6%	126(103)	394(291)	933(623)	1,886(1,138)
8%	203(166)	679(501)	1,696(1,132)	3,602(2,174)

예를 들어 20년 뒤 복리비과세와 단리를 비교한다면 1%일 때는 차액의 크기는 53만원이며, 현재의 화폐가치로 환산하면 35만원이다. 단리과세보다 복리비과세가 효과적인 저축수단이라고 하여 20년간 기다린 대가가 35만원(매월 10만원씩 저축할 경우)의 추가 수익인 것이다. 개인 차이는 있겠지만 25년을 기다린 대가치고는 내게는 작게 느껴진다. 그때까지 모은 원금 2,400만원과 비교해 보면 약 1.4% 정도니 매력이 없다.

개인적으로 판단하기에 의미 있는 효과가 되려면 적어도 4% 이상의 이자율은 돼야 매력이 있어 보인다. 그러나 요즘 은행 저축 상품들은 2% 미만이며 보험사 상품의 경우 2%를 약간 웃돌지만 사업비를 제외한다는 점을 고려한다면 추천하고 싶지 않다. 차라리 복리효과를 낼 수 있고 높은 수익을 기대할 수 있는 펀드투자를 추천한다.

☑ **POINT**

복리비과세의 마법이 진정한 효과를 보려면 최소 10년 이상, 수익률은 4% 이상일 경우 의미가 있다. 그 이하라면 꼼꼼하게 계산하여 고민해 볼 필요가 있다. 정말 나에게 이익이 되고 의미가 있는 숫자일지.

보험,
상식의
새빨간 배반

빅데이터가 코칭해 주는
효율적 보험가입의 순서는?

제 나이에는 보장성 보험 무엇부터 가입해야 하나요?

(30/김지현/회사원/여자/보험)

보험에 가입할 때는 게임 아이템 수집하듯 하나씩 가입하는
것보다 한 번에 잘 갖춰진 세트에 가입하는 것이 좋다. 비유
하자면 구멍이 큰 그물들을 여유될 때마다 하나씩 준비하는 것보다 전
체 크기는 작더라도 촘촘한 그물을 구입하는 것이 놓치는 물고기 없이
더 많은 고기를 잡을 수 있다. 그럼에도 우선순위는 있다.

> "이번에 보험에 가입하려고 합니다. 주변에 보험 여러 개 가
> 입한 사람이 많던데 저는 아직 그럴 생각은 없어요. 나이가 들어
> 위험률이 높아질 때 필요한 보험에 하나씩 가입할 계획입니다.
> 아직은 젊기 때문에 지금은 일단 가장 필요한 것 하나만 하려고
> 요. 제 나이에는 보장성 보험 무엇부터 가입해야 하나요?"

보험은 신체로 인해 생길 경제적 위험을 보험회사에 비용을 지급하
고 위탁하는 것이다. 보장성 보험은 우선순위에 대해서 보험설계사마다
의견이 다르다. 나는 약 10년간의 보험금 청구 경험을 중심으로 추천한

다. 다음 표는 실제 상담 시에 사용하는 표이다.

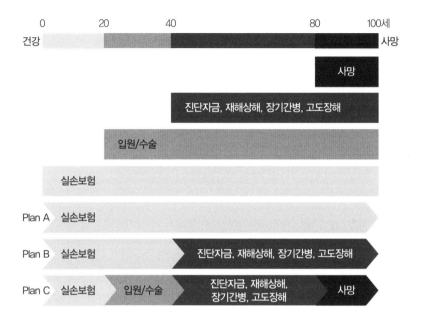

0세부터 100세까지 내 고객의 보험금 청구 데이터를 중심으로 했을 때 청구가 많은 보험의 종류로 나눈 것이다. 일단 실손보험은 0세부터 100세까지 누구나 보험의 혜택을 많이 받는다. 연령이 20세가 넘어가니 확률적으로 입원과 수술이 많아지기 시작했다.

40세 이상의 고객은 실손보험과 입원/수술에 관련된 보험금 청구와 더불어 중대질환(암, 뇌질환, 심장질환)을 진단받는 고객이 생기기 시작했다. 아무래도 연령이 증가함에 따라 위험률도 함께 높아지기 때문에 일어나는 현상이라고 생각한다. 게다가 장해로 인한 보험금을 받는 고객도 점차 생겼다.

아직 사망보험금의 지급 경험은 없다. 하지만 통계상 당연히 80세 이상이 연령대 중 사망확률이 가장 높다.

나이에 따라 보험을 구성하기보다는 PLAN C처럼 종합적인 보장을 받을 수 있도록 촘촘한 보험을 설계하는 것을 우선 원칙으로 한다. 다만, 설계의 기준은 납입 가능한 보험료에 맞추려 한다. 만약 이중 우선순위를 정하라 한다면 [실손보험 + 사망] ⇒ [중대질환, 장해] 진단금보험 ⇒ [입원/수술]의 순서로 추천한다.

하지만 연령증가에 따라 가입하는 것보다 종합적인 보장을 우선 가입하고 다음에는 보장 크기와 규모를 늘리는 방법을 권유한다.

☑ POINT

보험료는 보장 규모/크기/기간에 따라 결정된다. 보험가입이 자유로운 젊은 나이에는 폭넓고 종합적인 보장을 준비하고 형편에 따라 점점 크기를 늘려가는 것이 좋다.

보험료가 부담스럽다면 실비부터 가입하고 소득증가에 따라 A ⇒ B ⇒ C 순서로 추가 가입하자.

실손보험은
만능 엔터테이너일까?

실비보험 가입하면 모두 다 보장되는 거 아닌가요?

(31/전소희/자영업/여자/보험)

6년 전 대학선배로부터 연락이 왔다. 전 직장 동료가 보험에 가입하려 한다는 것이다. 일주일 뒤 셋이 함께 만났다. 사실 전소희 님과의 만남은 좋은 기억이 아니다. 상담을 시작하자 전소희 님이 먼저 말을 꺼냈다.

정확한 보험지식이 없는 분이었는데 주변에서 들은 잘못된 보험 정보를 굳게 믿고 있었다. 잘못된 사실인데도 전문가의 조언은 들으려 하지 않고 본인의 주장만을 내세워 어려운 상담이었다.

"이제 저도 병원 갈 일이 점점 생기는 것 같아 보험에 가입하려고요. 사실 오늘 태호 씨 만나기 전에 몇 분의 설계사를 만났어요. 그런데 만나는 분마다 제안해 주는 게 다 다르더라고요.

저는 실비에 관심이 있거든요. 엄마도 주변에서도 실비를 제대로 된 상품에 잘 가입하면 제 돈 드는 거 없이 병원비 전부 다 보장받을 수 있다던데요.

저는 갱신형은 싫으니 비갱신형으로 알아봐 주고요. 전부 다

보장받을 수 있는 실비보험만 설계해 주세요. 보험료는 3만원 이하로 해 주세요."

"모든 병원비가 전액 보상되지 않습니다. 그리고 현재 실손 의료비(이하 실손이라 칭하겠다) 보험은 갱신형 상품이며 때에 따라 제한되는 것들도 있습니다. 설명해 드릴게요."

"무슨 소리예요! 분명히 제가 들었어요! 실비보험만 가입하면 모두 다 보장되는 거 아닌가요? 제 말이 맞잖아요. 소개해 주려는 상품이 별론가 보네요. 제 지인들 실비는 전부 다 보장된다고 하던데.
저는 이번에 보험가입하면 건강검진도 하고 입원해서 치료해야 할 게 있는데 1인 입원실을 쓰고 싶단 말이에요. 얼마 전에 병원에서 비타민 주사 맞았는데 제가 얼마나 돈이 아까웠는데요. 그런 거 보상받으려고 이번에 보험가입하는 거라고요.
그리고 전 갱신형 싫다니까요! 비갱신형으로 소개해 줄 거 아니면 오늘 시간 낭비했네요."

"그러면 저도 오늘 시간을 내서 왔으니 몇 가지 약관 관련 사항들만 보여드리고 돌아가도록 하겠습니다."

이야기를 전해 들은 곳이나 다른 보험사를 통해 보험정보를 다시 확인해 보라며 약관의 주요 사항들을 형광펜으로 체크해서 주고 돌아왔다.
고객은 지인의 잘못된 정보를 믿고 3만원의 보험료로 모든 병원비를 사용할 계획을 세우고 있었다. 심지어 보험가입 후 가려고 치과 치료까지 예약해놓은 상태였다.

　보험회사에는 정해진 약관이 있다. 모든 보상은 약관을 기초로 하므로 지인의 소문보다는 약관을 근거로 판단해야 한다. 다음 H 회사의 약관과 설계서 일부를 첨부하였다(상담 당시 약관이 아니라 최근 변경된 약관으로 대체하였다).

　질병 분류 코드에 따라 보상이 되지 않는 항목이 있으며 치료 목적이 아니거나 자발적인 검진 등 다양한 보상 제외 요건이 있다. 또 건강보

> **<입원실료, 입원제비용, 수술비>**
> - '국민건강보험법에서 정한 요양급여 또는 의료급여법에서 정한 의료급여 중 본인부담금(본인이 실제로부담한 금액)'의 90% 해당액과 '비급여(상급병실료 차액 제외)(본인이 실제로 부담한금액)'의 80% 해당액의 합계액 (단, 급여 중 본인부담금의 10% 해당액과 비급여(상급병실료 차액 제외)의 20% 해당액을 합산한 금액이 연간 200만원을 초과하는 경우 그 초과금액은 보상)
> **<상급병실료 차액>**
> - 실제사용병실과 기준병실과의 병실료 차액 중 50%를 공제한 후의 금액(단, 1일 평균금액 10만원 한도)
> ※ 1일 평균금액 : 상급병실료차액 전체를 총 입원일수로 나눈 금액
> ※ 단, 국민건강보험법 또는 의료급여법을 적용받지못하는 경우 입원의료비 중 본인이 실제로 부담한 금액의 40%해당액 한도보상

험 적용 여부에 따라 보상 비율이 달라지거나 안 될 수도 있다.

며칠 후 전소희 님은 내가 전해 준 자료로 주변에 다시 확인해 본 결과 본인이 잘못 알고 있었음을 깨닫고 추천 상품에 가입하겠다고 연락이 왔었다.

보험의 기본원칙으로 위험의 분담 원칙, 대수의 법칙, 수지상등의 원칙, 이득금지의 원칙(손해보험에 해당) 등이 있다. 한 개인이 본인의 이득을 위해 인위적으로 적용할 수 있는 것들은 상품 설계 단계부터 배제되고 있다.

실비보험의 경우 같은 시기에 가입한다면 회사마다 보상 조건이 달라질 수 없다. 모든 회사의 실손 의료비는 보상 조건이 동일하다. 갱신이나 비갱신에 대한 가입조건이나 보상범위의 크고 작음이 다르지 않고 같다.

실손보험은 민간의료보험의 성격을 갖고 있다. 가입시기가 같다면 보험료의 차이는 있으나 보상 조건은 동일하다. 종합실손보험을 선택할 때는 기본으로 구성된 특약 이외의 특약(진단금, 수술비, 입원일당, 운전자특약, 기타)들과 함께 구성하여 전체적으로 판단해서 선택해야 한다.

또 갱신이 되기 전 현재 보험료의 크기만으로 판단해서도 안 된다. 갱신 시에는 달라지기 때문에 그 금액이 가장 저렴하다고만 볼 수도 없다. 해당 회사의 브랜드와 신뢰도, 다른 특약들과의 조합 및 구성 등을 살펴봐야 한다.

이 고객처럼 오직 실손보험만 가입하는 것은 추천하지 않는다. 많은 치료비가 요구되는 경우에 본인 부담이 커질 수 있고 치료기간이 길어질 경우 생활비도 받을 수 있는 보장과 함께 가입할 것을 추천한다. 실손보험의 경우 가입 이후 생활 질환을 포함하여 보험 청구를 자주 하게 된다.

청구가 쌓이면 본인이 희망하는 시기에 원하는 보험가입을 할 수 없을지도 모른다. 전소희 님에게는 실손보험과 함께 종합보험에 가입할 것을 추천했지만 좀 더 나이가 들어 건강이 안 좋아지면 가입하겠다고 했다. 그리고 2년 뒤 추가로 보험에 더 가입하고 싶다고 연락이 왔다. 여성질환 가족력과 관련 수술을 받게 되자 보험이 필요하다고 판단하여 가입하고자 했다. 하지만 본인이 원하는 여성질환 보장을 보험회사가 거절하자 가입하지 못했다.

☑ POINT _____

보험은 사회적 약속이자 형평성을 기초로 한다. 나만의 계산으로 역선택(보험금을 목적으로 가입)을 하지 말아야 한다. 선량한 타인에게 피해를 줄 수 있기 때문이다.

보험회사는 당신 생각보다 똑똑하다. 나만의 계산법과 생각이 보험회사에 통할 것이라 기대하는 잔머리는 소용없다. 또한 소문이나 지인에게 듣게 된 정보가 아닌 약관을 기초로 보장을 판단해야 한다.

본인 나이에 맞는
적절한 보험료는 얼마일까?

보험료 얼마나 내는 게 적당한가요?

(32/전영희/전문비서직/여자/보험)

보험은 나에게 발생할 수 있는 위험에 대한 경제적 손실을 보험회사가 일정 비용을 받고 보존해 주는 상품이다. 통계에 의해 만들어지며 복잡한 계산식에 의해 보험료가 산출된다.

예를 들어 100명 중 1명이 암에 걸리고 치료비가 100만원이 필요하다면 100명이 각각 1만원씩 걷어서 암에 걸린 한 명에게 지급하는 방식이다. 마치 전통적인 계와 비슷하다. 그 한 명은 누가 될지 모르기 때문에 사행성 계약이라고도 불린다. 혹시 모를 위험으로부터 내 자산을 잘 지키기 위해 보험에 가입하며 그 대가로 보험료를 납입한다.

"보험료라는 게 많이 내면 저축을 그만큼 못하고 너무 적게 내면 보장이 너무 작은 것 같고. 어느 정도 선에서 생각해야 할지 모르겠어요.

물론 많이 낼수록 보장이 좋긴 하겠지만 그렇다고 내 수준에서 너무 무리하게 가입할 수는 없어요. 그 기준을 좀 잡고 싶은데 보험료 얼마나 내는 게 적당한가요?"

보험료는 상대적인 시각이 강하다. 32세 두 친구가 동일한 20만원의 암보험에 가입한다고 했을 때 주변에서 암에 걸린 경우를 본 친구는 '이 정도는 보장받아야 암에 걸려도 충분하지'라며 가입할 것이고, 본인은 암에 걸릴 확률이 없다고 생각하는 친구는 비싸다고 느낄 것이다.

재무설계에서는 미혼의 경우 소득의 8~10%를, 기혼의 경우 자녀들을 포함하여 가족 전체의 보험료가 소득의 12~15%가 적정하다고 본다. 하지만 사람마다 소득수준이 너무 달라 이 기준이 맞지 않는 경우도 있다.

나에게 상담을 의뢰한 고객이 보험료의 적정 수준을 묻는다면 경험에 의한 수준으로 말한다. 일반적으로 잘 설계된 보험을 기준으로 하였을 때 '본인나이 × 80%'가 평균이라고 설명한다.

32세라면 보험료로 80%인 약 25만원을 납입한다면 평균수준이며, 100%인 32만원이라면 아주 잘 설계되고 보장 규모도 제법 되는 꽤 괜찮은 보험수준이라고 판단한다(물론 납입한 금액대비 보장도 폭넓고 고르게 잘 설계되어 있다는 전제조건이 포함된다). 반대로 50%인 16만원을 납입한다면 어딘가 좀 부족하여 보완을 권유받을 정도의 보험이라고 본다.

어디까지나 경험에 의한 주관적인 판단이지만 적용해 보면 꽤나 잘 맞는다. 다만 보험의 통상적인 가격 때문에 20~40대를 기준으로 했을 때 더욱 잘 적용된다.

☑ POINT

보험료에도 '과유불급(過猶不及)'이란 사자성어가 어울린다. 보험료를 많이 내고 명품 보험에 가입하면 좋지만 그만큼 저축도 못 한다.

보험의 본래 목적은 자산을 더 잘 모으고 지키기 위함이기 때문에 보험료에 너무 집중하는 것은 좋지 않다.

44

스스로 답이 보이는
보험 보장분석방법

보험가입은 무엇이 제일 중요한가요?

(34/유영배/자영업/남자/보험)

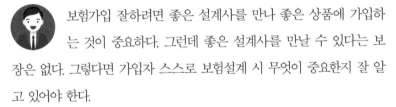
보험가입 잘하려면 좋은 설계사를 만나 좋은 상품에 가입하는 것이 중요하다. 그런데 좋은 설계사를 만날 수 있다는 보장은 없다. 그렇다면 가입자 스스로 보험설계 시 무엇이 중요한지 잘 알고 있어야 한다.

개인마다 다르게 적용해야 하는 부분과 공통으로 필요한 부분에 대해 잘 파악하고 설계사에게 본인의 요구사항을 똑똑하게 말하는 소비자가 되어야 한다.

> "그동안 보험에 여러 번 가입하고 해약하기를 반복했어요. 그러다가 현금흐름이 악화되며 보험을 해지한 경우가 많이 생겼어요. 상황이 좋아지면 다시 가입했죠.
>
> 사실 그때마다 다른 설계사를 통해 가입했어요. 친척에게 가입하기도 하고, 친구에게 가입하기도 하고, 단골손님의 부탁으로 어쩔 수 없이 가입하기도 했어요. 필요에 의해서 가입하기도 했지만 부탁으로 할 때가 많았죠.

그러다 보니 어차피 가입하는 거 기왕이면 똑똑하게 잘 가입하자는 생각이 들었어요. 제가 직접 필요한 부분을 판단하고 요구사항을 설계사에게 말해서 잘 가입하고 싶은데 어떻게 말하는 것이 좋을까요? 보험가입 무엇이 제일 중요한가요?"

보험가입에 앞서 가장 중요한 건 '고지사항의무'에 잘 통과될 수 있는지 여부다. 즉, 보험가입 시 가입자의 건강상태나 이력에 대해 알려야 하는데 건강한 상태로 특이사항 없이 가입하는 게 무엇보다 중요하다. 그리고 보험설계 시 고려해야 할 것은 보장기간/보장크기/보장범위가 중요하다.

보장기간은 당연히 100세 이상 보장되게 설계해야 한다. 보장크기와 보장범위는 함께 고려하는 것이 좋다. 보장크기의 경우 개인마다 생각이 다를 수 있다. 보장범위의 경우, 단순화해서 판단하는 것이 좋다. 특히, 보험회사의 특약을 살펴보면 굉장히 세부적으로 분류된 특약이 많다. 이때는 큰 분류를 통해 판단하는 것이 좋다. 예를 들어 특약의 우선순위를 결정할 때는 '성인질환입원일당'보다는 '질병/상해입원일당' 특약을, '특정질병수술'보다는 '질병수술' 특약이 우선 선택되어야 한다.

다양한 보장종류들 중 큰 분류인 '사망/후유장해/3대 질환(암, 뇌혈관질환, 심장질환)/수술비/입원일당'처럼 해당 일이 발생할 시 큰돈이 필요한 순서로 나열하여 판단하면 된다.

개인이 정한 우선순위가 되는 분류에 집안 내력이나 특히 걱정되는 것들을 추가하여 표를 작성해서 판단하면 좀 더 간편하고 쉽다. 고혈압을 포함한 혈관계 질환의 집안 내력이 있는 사람을 예로 필요한 보장 분석을 한다면 다음 그림처럼 할 수 있을 것이다.

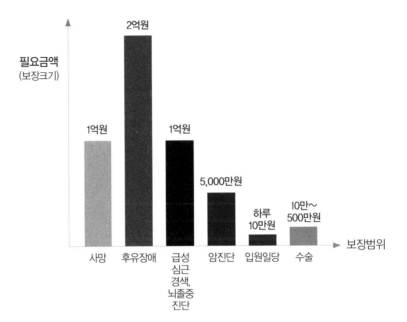

평상시 본인에게 맞는 보장분석을 하여 보험에 대해 스스로 판단할 수 있는 것이 가장 중요하다.

☑ POINT _____

보험가입 시 가장 중요한 것은 본인에게 맞는 보장크기와 보장범위를 아는 것이 중요하다. 평상시 보험에 대해 잘 분석하고 필요한 보장에 대해 잘 알아두자.

불행
피하기 연습

회사의 의료복지가 있는데 개인보험 필요할까요?

(34/최영일/회사원/남자/보험)

몇몇 기업은 임직원 복지로 의료비를 지원해 준다. 본인과 가족까지 지원해 줘서 민간 보험처럼 의료복지를 제공한다. 정말 좋은 복지다. 종합재무설계 상담 의뢰를 받아 고객을 만나러 갔는데 우수한 임직원 복지로 유명한 회사에 다니는 분이었다.

"이번에 종합재무설계 상담에서 보험은 빼주세요. 우리 회사는 복지혜택으로 의료비를 지원해 줍니다. 그래서 선배님들의 만족도가 대단합니다. 저뿐 아니라 가족들의 의료비 지원도 있어서 저희는 보험이 필요 없습니다.

정년 보장되는 회사인데 이직할 일도 없고 연봉도 최고 수준이니 정말 열심히 다닐 겁니다. 절대 이직도 안 하고 그만두지도 않을 거라 확신해요. 그러니 괜히 보험가입해서 아깝게 돈 쓰지 말고 그 돈으로 맛있는 거나 더 사 먹으렵니다.

회사의 의료복지가 있는데 굳이 개인보험 필요할까요? 상담은 저축과 투자, 노후에 관련된 것들만 진행해 주세요."

이런 요청은 종종 있다. 일을 시작한 지 얼마 안 되었을 때도 대기업에 근무하는 고객이 상담 요청을 했었다. 최영일 님처럼 보험을 빼고 진행하겠다고 해서 그리했었다. 보험을 제외하고 부동산 투자 준비를 우선하여 펀드와 연금 투자를 안내하고 저축에 집중했다.

약 4년 정도 지나 그분에게 전화 한 통을 받았다. 최영일 님의 질문에 대한 답은 그 고객에게 걸려온 전화로 대신하겠다.

"잘 지내셨어요? 중간에 연락을 못 드렸네요. 가입한 상품들을 정리해야 할 거 같아 전화했어요.

몇 년 전에 아버님이 건강이 나빠지셔서 병원에 입원하셨어요. 암에 걸리셨거든요. 치료기간이 길어지니 간호하시던 어머님도 건강에 문제가 생겨 치료를 받게 되었어요. 당시 병원비는 다행히 회사에서 의료비를 지원해 줘서 큰 문제 없이 부모님이 치료를 계속 받으실 수 있었어요. 회사 의료비 지원 복지제도가 아니었다면 제 월급은 부모님 병원비를 부담하느라 우리 가족의 생활은 불가능했을 겁니다.

그런데 저도 1년 6개월 전에 병가를 내고 대장암 수술을 하게 되었죠. 6개월씩 두 번 신청할 수 있어서 1년간 수술하고 쉬다가 다시 복직했어요. 병가기간이 끝나고 출근하지 못하면 퇴사처리됩니다. 그러면 부모님의 병원비는 지원을 받지 못해요. 물론 제 병원비도요.

그래서 회사에 계속 다녀야 해요. 그런데 막상 복직하니 암 환자로서 회사 업무가 너무 힘드네요. 얼마 전 암이 재발했거든요. 회사 일이 스트레스가 심했나 봐요. 어쩔 수 없이 다시 한번 휴직했습니다. 휴직기간이 끝나서 다시 복직했는데 도저히 일을 못 하겠어요. 전 아직 암 환자거든요.

다시 쉬려면 병가가 아니라 이제는 퇴사해야 합니다. 정말 괴로운 심정으로 아내와 상의했는데 그냥 회사를 그만두기로 했어요. 더 이상은 제가 버티질 못하니까요.

그래서 의료비 지원도 중단되고 제가 당분간 일을 할 수 없어서 저희 집 생활비도 필요할 텐데 그동안 유지하던 저축상품들 전부 해지할까 합니다. 당분간 그 돈으로 사용하고 그래도 안 되면 집을 팔아야지요. 저는 그냥 쉬면 되는데 아이들을 학원에 못 보내게 될까 봐 너무 속상해요.

이럴 줄 알았으면 그때 그냥 보험에 가입할 걸 그랬어요. 정말 후회됩니다."

☑ POINT

정말 가슴 아픈 전화였다. 나에겐 절대 일어나지 않을 것 같은 일이 생겼는데 준비가 되어 있지 않다면 정말 감당하기 어려워진다.

좋은 회사에 근무하는 건 행복한 일이지만 회사를 계속 다닐 수 있어야 계속 행복한 것이다. 만일 내 의사와 무관하게 회사를 그만두게 된다면 회사만 믿고 있던 나는 어떻게 될까?

회사에서 제공해 주는 것과는 별개로 나만의 PLAN B는 반드시 준비해야 한다. 어느 날 회사가 구조조정을 한다면 누구 탓을 할까? 또 정년퇴임한 이후의 의료비는 어떻게 할 것인가? 이미 건강에 이상이 생겼다면 그땐 민간보험도 가입이 안 된다. 반드시 나만의 [나와 내 가족을 위한 의료비 지원 제도]를 스스로 준비하자.

46

자녀사랑은
20% 이내로 하라

 태아보험 적정가격 수준은 얼마인가요?

(30/윤샛별/주부/여자/보험)

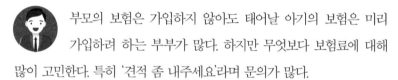 부모의 보험은 가입하지 않아도 태어날 아기의 보험은 미리 가입하려 하는 부부가 많다. 하지만 무엇보다 보험료에 대해 많이 고민한다. 특히 '견적 좀 내주세요'라며 문의가 많다.

보험은 설계에 따라 다양한 보험료가 산정되니 견적이란 표현은 맞지 않는다. 예를 들어 맞춤 정장 가게에 가서 원단의 종류와 셔츠, 타이 등의 옵션에 대해 결정도 하지 않고 견적을 내 달라고 하는 것과 태아보험의 견적을 요구하는 것이 비슷하다.

차라리 본인이 생각하는 보장 기준과 납입 가능한 보험료를 말하여 조율하는 것이 낫다.

"설명해 주신 것처럼 특약 선택과 보장금액에 따라 보험료는 많아질 수도 있고 줄어들 수도 있다는 거죠? 자동차 살 때처럼 판매가격이 정해져 있는 것이 아니고요?

그러면 좀 고민이 되네요. 자동차로 생각하면 경차를 살지, 중형차를 살지, 대형차를 살지 정해야 한다는 거군요. 그러면 보통

태아보험 적정가격 수준은 얼마인가요?"

보험가입 시기에 따라 일반적인 보험료 수준은 있다. 하지만 유행에 따라 그때마다 달라진다. 동일 보장이라 해도 통계에 따라 몇 년 전과 지금이 달라지기도 한다. '보험료' 기준으로만 보면 태아의 보험료만 고려하는 것보다 부담 가능한 가족 전체 보험료에서 비율에 따라 결정하는 것이 좋다.

예를 들어, 아이에게 좋은 보장의 보험에 가입해 주고 싶어 20만원의 태아보험에 가입했다고 하자. 하지만 그 가정에서 납입 가능한 총 보험료가 30만원이라면 아이 부모의 보험료는 10만원 이내로 결정돼야 한다. 이 가정의 보험이 부모가 아니라 아이 중심으로 가입된 것이기에 균형이 맞지 않는다.

보험은 경제적 주체가 우선이 되는 것이 좋다. 남편이 주체인 가정에서 보험료 비중은 남편 ⇒ 아내 ⇒ 아이 순으로 해야 한다(아내가 경제적 주체이면 아내 ⇒ 남편 ⇒ 아이). 만약 30만원이 총 부담 가능한 보험료(소득의 12~15%: 4인 가족 기준)라면 그중 자녀에 대한 비중은 20% 이내가 좋다. 왜 그럴까?

'보험 = 돈'이기 때문이다. 아이가 아프면 부모가 일해서 아이의 병원비를 충당하면 된다. 그런데 부모가 아파서 입원한다면 아이가 일해서 부모의 병원비를 충당할 수 있을까? 게다가 부모가 돈을 벌지 못하는 상황에서 최저 생계비는 어떻게 해결할 것인가?

즉, 해당 구성원이 건강에 이상이 생겼을 때 경제적 문제를 보험으로 해결하는 상황을 고려해야 한다. 그래서 태아보험의 적정 가격은 인터넷 최저가로 상품을 구입하는 것과는 다르게 해당 가정의 소득 기준으로 고려해야 한다.

☑ **POINT** _____

보험료는 오로지 나의 가정, 경제적 상황에 따라 적정한 수준이 결정된다. 일반적인 가정의 경우 경제적 주체가 남편이라면, 남편이 가장 높은 보험료를 내고 그다음 엄마와 아이들 순으로 비율이 줄어드는 것이 좋다.

미래가치로 위험을
대비하는 방법은?

암 진단금, 저는 제 나이에 맞게 충분히 가입되어 있나요?

(31/안소현/간호사/여자/보험)

블로그를 통해 종합재무설계 상담 요청이 들어왔다. 만나서 이야기를 들어보니 유독 암보험에 대해 궁금증이 많았다.

"저희 집은 가족력으로 유독 자궁이 안 좋아요. 이모와 할머니는 자궁암을 진단받았고 어머니와 언니들도 자궁질병을 갖고 있어요. 아무래도 유전적으로 자궁이 약해 암 진단 확률이 높을 것 같아요.

저는 종합병원 암 병동에서 근무해서 암 환자들을 많이 봐요. 그래서인지 특히 암 보장에 관심이 많죠. 현재 제가 가입되어 있는 암 진단금은 4,000만원입니다. 적지 않다고 말하는 설계사들도 있는데요. 질병 가족력도 있고 직업적으로 암 환자들을 접하다 보니 작은 금액이 아닐까 불안해요. 왠지 더 가입해야만 할 것 같고요.

암 진단금, 저는 제 나이에 맞게 충분히 가입되어 있나요?"

고객의 암 진단금은 충분할까? 31세의 나이에 적절한 규모로 가입된 것일까? 먼저 암 통계부터 살펴보자. 다음은 국가 암 정보센터의 2015년 기준 연령군별 암 발병률 통계이다.

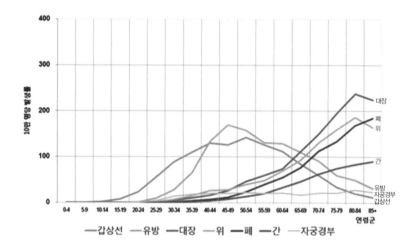

여성의 경우 45세경에 유방암과 갑상선암 발병률이 가장 높게 나타난다. 그 이외의 암도 45세를 기준으로 발병률이 상승하기 시작한다. 고객의 나이인 31세에는 갑상선을 제외하고는 암 발병률이 상대적으로 낮은 편이다. 31세의 고객에게 미래를 대비하여 암보험에 가입한다면 45세 시점을 기준으로 판단하라고 조언하였다.

고려사항은 두 가지다. 현재 시점으로 본인이 만족하는 크기의 암 진단금은 얼마인지와 그 금액이 45세에 얼마가 되어야 현재의 화폐와 동일한 가치를 갖느냐이다. 대화 결과 안소현 님은 내일 암에 걸린다면 필요하다고 판단되는 암 진단금은 6,000만원이었다. 그 정도의 돈이 있어야 일상생활을 하며 일하지 않고 편히 치료에 집중할 수 있는 크기라고 말하였다.

그러면 현재의 6,000만원은 14년 뒤(45세 시점)에 얼마와 똑같을까? (요즘은 직접 재무계산기를 다루지 못해도 인터넷이나 어플로 쉽게 계산해 볼 수 있다) 물가상승률을 2%로 가정하였을 때 14년 뒤의 약 7,920만원이 현재 6,000만원과 동일한 가치를 지닌다. 안소현 님에게 충분한 암 보장크기는 암에 걸릴 확률이 높아지는 45세 시점에 7,920만원이라는 결론이 나온다.

현재 4,000만원의 암보장을 갖고 있으니 3,920만원의 암 보장을 추가로 가입해야 만족할 수 있는 보장크기가 되는 것이다. 그 후에 납입기간에 대한 조절이나 갱신형 또는 비갱신형을 선택하여 납입 가능한 보험료 수준을 결정하면 된다.

☑ POINT

당장 내일도 중요하지만 젊고 건강한 나는 늙고 병든 미래의 나를 위한 준비를 해야 한다. 준비가 되지 않았다면 미래의 나는 젊은 시절의 과거로 돌아가고 싶을 것이다.

가끔 상담을 진행하면 44세에 가입하는 것이 더 좋은 것 아니냐고 반문하는 고객이 있다. 31세의 젊은 내가 보험에 가입해야 44세보다 저렴한 비용으로 준비할 수 있다. 또 44세까지 시간이 흐르는 동안 건강을 장담할 수 있다면 모를까 그 기간 안에 건강이 조금이라도 안 좋아진다면 보험에 가입할 수 없게 될지도 모른다.

시험을 준비하는데 막판 벼락치기가 아니라 시험 한 달 전부터 미리 준비하는 학생이 성적이 좋은 것처럼 보험도 젊고 건강할 때의 내가 준비하는 것이 현명한 방법이다. 암 진단금의 크기는 미래시점을 기준으로 하자.

금융상품 묵은지가 좋을까? 신상이 좋을까?

왜 보험은 보상이 추가되거나 빠지거나 매년 자꾸 바뀌나요?

(32/김원진/자영업/남자/보험)

보험회사는 매년 신상품을 쏟아낸다. 반대로 기존 상품이 없어진다며 소멸 전에 빨리 가입해야 한다고 절판마케팅으로 소비자를 유혹한다.

왜 상품들이 자꾸 없어지고 만들어지기를 반복할까? 기존 상품들을 계속 유지하면 좋지 않을까?

"그런 말이 있어요. '보험은 옛날 것이 좋은 거다'라고. 자영업을 하는 탓에 수입이 불규칙해 지금까지 보험에 가입과 해지를 반복했어요. 보험이 필요하다고 느끼기 때문에 여유가 되면 바로 보험에 가입했죠. 그런데 그때마다 계속 무엇이 바뀌었대요.

아무래도 계속해서 바뀌는 거 같아요. 전 사실 이전에 가입했던 내역과 동일하게 설계해서 가입하고 싶은데 설계사한테 이전처럼 요청하면 그새 보험상품 내용이 바뀌었다고 하더라고요.

왜 보험은 보상이 추가되거나 빠지거나 매년 자꾸 바뀌나요?"

보험은 통계에 의해 만들어진다. 해당 상품 가입자들의 돈을 모아 회사의 사업비를 제외하고 보험금 지급 사례가 발생할 경우에 돈을 지급한다. 상해의 경우는 크게 변하는 경우가 드물지만 질병의 경우 보장내용이 자꾸 바뀐다. 그 이유는 통계가 변하고 손해율이 변하기 때문이다.

예를 들어 100명 중 1명꼴로 암에 발병된다는 통계를 바탕으로 100명에게 1만원씩 보험료를 받아 사업비 10만원을 제외하고 발병한 1명에게 90만원의 보험금을 지급했다고 하자. 그런데 의학기술이 발달하며 암 발견확률이 높아지고 환경이 변함에 따라 발병률이 높아진 것이다. 100명 중 1명이 아니라 2명만 암 진단을 받아도 벌써 적자가 시작된다. 그러면 어쩔 수 없이 보험료를 2만원으로 올려야 한다. 현재 보험들이 변하는 이유는 그렇다.

그런데 2만원으로 보험료를 올리면 소비자들은 비싸다며 보험에 가입하지 않기 때문에 발병이 높은 해당 질병을 삭제하고 다른 옵션을 추가하는 것이다. 그래서 보험료는 최대한 비슷한 수준으로 하되 다른 요소들을 변경시킨다. 이렇게 보험은 계속 변한다.

신상품은 최신 소비자트렌드를 반영하기 때문에 고객의 니즈에 맞는 상품이 출시되지만 보장 면에선 과거보다 아쉬운 경우도 많다. 과거 상품에 가입할 수는 없기에 현재 출시된 상품들로 최대한 균형 있는 보험설계를 해야 한다. 그것이 설계사들과 상담해 보면 시기마다 조금씩 컨설팅 내용이 달라지는 이유다.

고객의 입장에서는 왜 추천내용이 예전과 다르냐고 반문할 수도 있겠지만 설계사는 현재 조건에서 최선을 다한 것이다. 그러니 좋은 보장이 사라지기 전에 가입하고 새로운 보장들이 나오면 추가하는 방법을 택하자.

가격이 저렴하고 질 좋은 상품은 제한된 수량만 출시하여 금방 매진된다. 그리고 다시 구매하기가 어려운 경우가 많다.

보험도 마찬가지다. 해당 보장에 더 이상 가입할 수 없다면 인기가 없어서인 경우보다 손해율이 높아 고객들에게 유리한 상품인 경우가 더 많다.

저축도 단기/중기/장기 적정비율이 있다

보험에 가입할 때 저축성과 보장성 비율은 어느 정도 해야 하나요?

(35/신원식/회사원/남자/보험)

보험도 저축과 지출 계획에 포함된다. 절대적인 돈의 크기보다 개인의 소득에 맞게 각각 기준을 정한다면 보다 효율적인 계획을 세울 수 있다.

"직접 돈 관리하면서 저축과 지출 계획을 세우고 있어요. 다른 것들은 제가 스스로 판단할 수 있는데 보험은 좀 어렵네요. 많을수록 좋은 건 알겠는데 보험료를 너무 많이 내면 그만큼 다른 항목에 대한 비율이 줄어드니 적정기준을 찾아야 할 텐데 쉽지 않아요. 월 소득을 기준으로 한다면 보험에 가입할 때 저축성과 보장성 비율은 어느 정도 해야 하나요?"

정해진 법칙은 없으나 많은 전문가의 의견은 비슷하다. 보장성 보험의 경우 미혼이라면 납입하는 총 보험료(재물/자동차보험 제외)는 소득의 10% 미만이고 기혼의 경우 자녀를 포함하여 15% 미만이 적정하다고 본다.

반대로 보험료 비율이 너무 낮으면 소득을 대체할 만한 충분한 보장이 이루어지지 못 한다. 저축성 보험은 장기상품이다. 비과세와 복리효과를 목적으로 하며 아주 길게는 연금까지 포함하고 있다. 그래서 완납 이전에 해지하면 안 된다. 내가 저축하는 총 금액 중 절대 해지하지 않고 꾸준히 장기적으로 유지할 수 있는 정도를 기준으로 해야 하며 너무 작으면 저축목적에 부합되지 않는다.

예를 들어 노후를 대비하기 위해 장기저축을 하려는데 월 소득의 5%만 한다면 연금 수령액이 너무 적을 것이다. 그래서 총 가능 저축액 중 20~30%를 장기상품에 납입하는 것이 좋다. 나머지 70~80%로 단기나 중기를 목적으로 하는 저축을 계획한다면 합리적이며 적절하다.

☑**POINT** _____

총소득을 기준으로 보장성 보험의 경우 미혼은 10% 미만, 기혼은 가족 전체를 기준으로 15% 미만이 적정하다. 일반적으로 저축성 보험의 경우 총 가능 저축액 중 20~30%를 넘지 않게 하는 것이 좋다. 단, 단기나 중기 재무 목표가 없다면 좀 더 늘려도 된다.

보험은 입이 아닌
서류에 항상 답이 있다

분명 보험설계사가 보장된다고 했는데 왜 지급이 안 될까요?

(33/강길호/자영업/남자/보험)

보험금을 받기 위해 보험에 가입하였는데 혜택을 받을 수 없다면 얼마나 황당하고 화가 날까? 실제로 설계사와 보험회사에 불신이 있는 고객이 많다.

한 다큐에서는 약관상 해당 사항이 없어도 돈이 필요하니 그냥 보험금을 지급해 주면 안 되겠냐며 보험금지급 심사 직원에게 무릎을 꿇고 비는 모습을 방송에 담았었다. 과연 누구의 잘못일까?

"보험설계사들과 보험회사는 정말 못 믿겠어요. 분명 설계사가 보장된다고 했는데 왜 지급이 안 될까요? 만일을 대비해 소비자가 보험에 가입하는 건데 약관이다 뭐다 따지면서 결국은 보험금 못 준다고 하는 이야기 정말 많이 들었어요. 울며 겨자 먹기로 결국 암처럼 중대질병에 걸리거나 다치게 되면 보험에 의지할 수밖에 없으니 가입은 하긴 해야겠는 데 정말 고민이에요."

이런 이야기를 하는 많은 보험 소비자의 큰 착각이 있다. 보험에 가입하면 모든 종류의 위험에 대하여 보장되는 것으로 안다. 하지만 보험은 확률과 통계에 의해 산출된 상품이다. 그리고 가입자와 회사 간의 약속에 의해 성립된다.

보험상품에 대한 안내를 받을 때는 요약된 가입제안서를 통해 설명을 듣고 보험에 가입한다. 이제 서류에 사인하면 상품설명서와 약관을 받게 된다. 이 약관에는 상세한 내용이 설명되어 있다. 바로 보험금을 지급하는 경우에 대해서 안내되어 있다. 적지 않은 내용이기에 혹시라도 마음이 변하거나 착각하여 가입했을까 봐 계약 이후 한 달 이내의 철회(계약을 없던 일로 하는 것) 가능 기간을 준다.

그러나 많은 보험 소비자는 으레 그럴 것이라는 추측성 결정만으로 계약 유지를 결정하고 나중에 분노한다. 이 부분에 대해 고객에게 설명하면 "귀찮게 그런 걸 언제 다 보고 있어요."라고 대답하는 사람이 많다.

하지만 철회기간이 지나고 계약을 유지한다면 이 약속들에 대해(약관에 대해) 동의하는 것으로 간주하기 때문에 보험금이 지급되지 않는 항목에 대해 몰랐다고 주장해 봐야 소용없다. 많은 경우, 나중에서야 자신이 청구했던 건이 해당 사항이 없다는 것을 알게 된다.

다음 예시는 흔한 사례 중 하나이며 보험가입 사기를 당했다며 도와달라고 연락이 온 사례이다.

사례 1) 화상을 입어서 병원 치료를 받아 화상 진단금을 청구하고 싶다며 연락이 왔다. 하지만 확인해 보니 표재성 2도여서 보험금 청구 대상이 아니었다. 가입한 보험담보는 심재성 2도일 때 보험금을 지급하는 특약이었기 때문이다.

| 화상진단담보 | ******200 | 심재성 2도 이상의 화상으로 진단확정된 경우 가입금액 지급 |
| 화상수술담보 | ******500 | 심재성 2도 이상의 화상으로 진단확정되고, 그 치료를 직접적인 목적으로 수술을 받은 경우 1사고당 가입금액 지급 |

사례 2) 치과에서 인레이 치료를 받은 고객이 보험금 청구를 위해 연락해왔다. 내역을 확인해 보니 지르콘 인레이였다. 하지만 가입한 담보는 골드 인레이만 보장되는 담보였기 때문에 역시 보험금 지급 대상이 아니었다.

보존치료: 아말감 충전(치아당 7,500원), 골드 인레이/골드 온레이 포함(치아당 50,000원), 컴퍼짓 레진(치아당 50,000원)

이 두 사례의 해당 고객은 사기를 당했다고 주장했지만 화상진단과 인레이 치료만 하면 무조건 보험금이 나온다고 본인이 착각한 것으로 종료되었다.

보험가입 시에 설계사의 설명은 설명일 뿐이며 보험가입을 돕기 위한 것이다. 무엇보다 중요한 것은 서류화되어 있는 증권과 약관이다. 보험설계사는 당신에게 보험금을 직접 줄 수 없고 보험 계약의 상대방도 아니다.

☑ **POINT** _____

어렵다는 핑계는 이제 그만하자. 내용도 파악하지 않고 사인을 한다면 그 책임도 본인에게 돌아온다. 보험은 입이 아니라 서류로 말한다. 현명한 보험소비자가 되자. 보험설계사는 당신의 보험가입을 도울 뿐 보험금 지급을 약속해 줄 수 없다.

암보험,
같아도 같은 것은 아니다

암보험 싼 게 제일 좋은 거 아닐까요?

(34/한은지/초등교사/여자/보험)

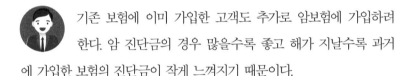
기존 보험에 이미 가입한 고객도 추가로 암보험에 가입하려 한다. 암 진단금의 경우 많을수록 좋고 해가 지날수록 과거에 가입한 보험의 진단금이 작게 느껴지기 때문이다.

암보험의 경우, 과거와 달리 점점 상세조건이 복잡해지고 다양화되고 있다. 이번 사례는 기존에 보험이 잘 가입되어 있는데도 암보험에 추가로 가입하겠다며 상담요청이 온 경우이다.

현재 가입 가능한 암보험 중 가장 보장범위가 넓고 상대적으로 보험료도 가장 저렴한 상품으로 설계하여 추천했었다. 그러나 며칠 후 전화가 왔다.

"알아봐 주신 보험과 별개로 제가 인터넷 검색을 해 봤더니 정말 좋은 상품을 찾았어요. 자산관리사님껜 죄송하지만 그쪽에 연락하여 상담도 받아봤어요. 무엇보다 가격 차이가 너무 많이 나요. 보험료는 3분의 1인데 보장금액도 차이가 나요. 추천해 주신 건 일반암 진단금 3,000만원이지만 이 상품은 4,000만원에

요. 암보험 싼 게 제일 좋은 거 아닌가요? 저렴한 그 상품에 가입
하기로 했어요."

· 담보사항 ·

담보명	보장내용	납기/만기	가입금액	보험료(원)
1. 암진단비 (유사암제외) [1형기본계약]	암보장개시일(보장개시일부터 그날을 포함하여 90일이 지난날의 다음날, 계약일 현재 보험나이 15세 미만의 경우 보장개시일) 이후 암(유사암제외)으로 진단확정 시 최초 1회한 가입금액 지급(1년 미만 50% 지급)	20년/ 100세	3천만원	30,600
2. 유사암진단비	보장개시일 이후 제자리암, 기타 피부암, 경계성종양, 갑상선암으로 진단확정 시 각각 최초 1회한 가입금액 지급(1년 미만 50% 지급)	20년/ 100세	1백만원	337
보장 합계보험료				30,937원

암보험이란 단어가 들어갔다고 모두 다 똑같은 암보험이 아니다. 보
험료는 3분의 1인데 보장금액이 더 크다니 무언가 이상했다.

고객들은 상세조건이나 정확한 확인이 아니라 일부만으로 전체를
추측해서 판단하는 경향이 있다. 이번 경우도 그랬다. 보험은 약관에 표
시된 상세내용으로 비교해야 한다.

일반암의 범위에 유방암이나 남녀생식기암이 포함되어 있는지 아닌
지 여부가 중요하다. 월납 보험료뿐만 아니라 갱신인지 비갱신인지, 납입
기간도 비교해 봐야 한다.

약관을 보니 진단금 4,000만원은 맞으나 일반암이 아닌 고액암(뼈암/
뇌암/혈액암)만 해당되었다. 일반암은 2,400만원이었고 유방암과 전립선암
은 800만원을 보장하였다. 보험료는 15년 갱신형, 100세까지 납입하는
상품이었다. 내가 추천한 상품은 유방암과 전립선암을 포함하여 3,000

급부명칭		지급사유	경과기간	지급금액
암진단자금	암진단자금 I	보험기간 중 피보험자가 암보장개시일 이후에 "암"으로 진단이 확정되었을 경우(최초 1회한)	1년 미만	400만원 ※ 단, 계약일부터 180일 이내 유방암 발생 시 160만원
			1년 이상	800만원
암진단자금	암진단자금 II	보험기간 중 피보험자가 암보장개시일 이후에 '유방암 및 전립선암' 이외의 암으로 진단이 확정되었을 경우(최초 1회한)	1년 미만	400만원
			1년 이상	800만원
	암진단자금 III	보험기간 중 피보험자가 암보장개시일 이후에 '유방암, 전립선암, 여성생식기암 및 직·결장암' 이외의 암으로 진단이 확정되었을 경우(최초 1회한)	1년 미만	1,200만원
			1년 이상	2,400만원
	암진단자금 IV	보험기간 중 피보험자가 암보장개시일 이후에 '특정 고액치료비관련암'으로 진단이 확정되었을 경우(최초 1회한)	1년 미만	2,000만원
			1년 이상	4,000만원
진단자금		보험기간 중 피보험자가 기타피부암, 갑상선암, 대장점막내암, 제자리암 또는 경계성종양으로 진단이 확정되었을 경우(각각 최초 1회한)	1년 미만	기타피부암 200만원 갑상선암 200만원 대장점막내암 200만원 제자리암 200만원 경계성종양 200만원
			1년 이상	기타피부암 400만원 갑상선암 400만원 대장점막내암 400만원 제자리암 400만원 경계성종양 400만원

· 가입금액 및 보험료 ·

구분	가입금액	보험기간	납입기간	보험료
주계약	2,000만원	15년갱신 (최대 100세)	15년납 (최대 100세)	9,600원
암직접치료간호특약 (갱신형)(무)	1,000만원	3년갱신 (최대 80세)	3년납 (최대 80세)	550원
합계보험료				1만150원

만원을 보장한다. 보험료는 20년납 월 3만원이다.

　두 가지 상품 중 당연히 월 3만원을 납입하는 보험상품을 선택해야

제3조("암" 의 정의 및 진단확정)
① 이 계약에 있어서 "암"이라 함은 【별표2】 (악성신생물(암) 분류표)에서 정한 질병을 말합니다. 다만, 분류번호 C44(기타 피부의 악성신생물(암)), C73(갑상선의 악성신생물(암)) 및 전암(前癌)상태(암으로 변하기 이전 상태, Premalignant condition or condition with malignant potential)는 제외합니다.
② 한국표준질병 · 사인분류 지침서의 "사망 및 질병이환의 분류번호부여를 위한 선정준칙과 지침"에 따라 분류번호 C77~C80(불명확한, 이차성 및 상세불명 부위의 악성신생물(암))의 경우 일차성 악성신생물(암)이 확인되는 경우에는 원발부위(최초 발생한 부위)를 기준으로 분류합니다.
③ "암"의 진단확정은 병리과 또는 진단검사의학과 전문의 자격증을 가진 자에 의하여 내려져야 하며, 이 진단은 조직(fixed tissue)검사, 미세바늘흡인검사(fine needle aspiration biopsy) 또는 혈액(hemic system)검사에 대한 현미경 소견을 기초로 하여야 합니다. 그러나 상기에 의한 진단이 가능하지 않을 때에는 피보험자가 "암"으로 진단 또는 치료를 받고 있음을 증명할 만한 문서화된 기록 또는 증거가 있어야 합니다.

보장명	보장상세	가입금액 (만원)	납입/ 보험기간	보험료(원)
암진단비 (소액암제외)	암보장개시일 이후에 암(소액암제외)으로 진단확정 시(최초 1회한, 계약일로부터 90일 이내 15세 미만 보험가입금액의 50% / 15세 이상 지급액 없음. 90일 초과 1년 미만 보험가입금액의 50%, 1년 이상 보험가입금액)	3,000	20년/ 100세	35,550

8. 암진단비(소액암및특정소액암제외) 특별약관

제1조("암(소액암및특정소액암제외)" 의 정의 및 진단확정)
① 이 특별약관(이하 "특약"이라 합니다)에서 "암(소액암및특정소액암제외)"이라 함은 【별표2】 (악성신생물(암) 분류표)에서 정한 질병을 말합니다. 다만, 제2항에서 정한 "특정소액암", 분류번호 C44(기타 피부의 악성신생물(암)), C73(갑상선의 악성신생물(암)) 및 전암(前癌)상태(암으로 변하기 이전 상태 , Premalignant condition or condition with malignant potential)는 제외합니다.
② 이 특약에서 "특정소액암"이라 함은 제3항에서 정한 "유방암 및 남녀생식기 관련 암" 및 제4항에서 정한 "대장점막내암"을 말합니다.
③ 이 특약에 있어서 "유방암 및 남녀생식기 관련 암"이라 함은 【별표2】 (악성신생물(암) 분류표)에서 정한 질병 중 아래에 해당하는 질병을 말하며, 질병분류기준은 제7차 개정 한국표준질병·사인분류를 따릅니다.

보장명	보장상세	가입금액 (만원)	납입/ 보험기간	보험료(원)
암진단비 (소액암 및 특정 소액암 제외)	암보장개시일 이후에 암(소액암 및 특정소액암 제외)으로 진단확정 시(최초 1회한, 계약일로부터 90일 이내 15세 미만 보험가입금액의 50% / 15세 이상 지급액 없음. 90일 초과 1년 미만 보험가입금액의 50%, 1년 이상 보험가입금액)	3,000	20년/ 100세	24,900

한다. 추천한 보험은 월 3만원이지만 20년납으로 종료된다. 고객이 찾은 상품은 현재는 1만원이지만 15년마다 갱신되어 67년을 더 납입해야 한다. 즉, 고객은 월 1만원과 진단금 4,000만원이라는 기준에 맞지 않는 단순 숫자 비교에 현혹된 것이다.

한 회사의 동일한 암보험이라도 서로 다른 경우도 있다.

앞의 두 약관 사진과 표는 동일 회사의 두 가지 암보장이다. 아래 상품이 보험료는 더 싸지만 위 상품과 비교했을 때 유방암 및 남녀생식기암을 보장하지 않는다. 보장 범위가 줄어들었기 때문에 보험료가 더 싸진 것이다.

상세 약관을 비교 안 한다면 당연히 동일회사 상품이지만 보험료가 싸다는 이유로 아래 상품을 선택하게 될 것이다. 보험상품은 단순히 숫자와 표면에 보이는 상품 이름만으로 비교해서는 안 된다. 약관의 상세 내용에 대한 비교가 필수적이다. 그래서 암보험도 다 같은 암보험이 아니다.

☑ **POINT** _____

"물건은 가격만큼의 값어치를 한다."는 말이 있다. 보험도 마찬가지다. 무조건 낮은 가격이 좋은 것은 아니다. 가격에 대한 비교는 동일조건일 때나 가능하다.

보험은 확률이 낮으면 비용도 낮다

보험료 줄도록 쓸데없는 특약들 뺄 수 있죠?

(35/김예지/공무원/여자/보험)

보험설계를 의뢰받으면 설계를 시작하기 전에 대화부터 먼저 한다. 고객 중에는 스스로 설계하기를 원하는 사람도 있다. 이런 고객은 대부분 인터넷 검색을 통해 "보험설계사가 권해 주는 설계 안은 설계사 수당을 위한 불필요한 특약들이 많이 포함되어 있어 이 부분을 빼면 많은 보험료를 줄일 수 있다."는 보험리모델링 상담을 유도하는 광고를 많이 본 경우이다.

"일단 설계서를 살펴보기 전에 서로 불필요한 시간 낭비를 줄이고 싶어요. 보험료 줄이도록 쓸데없는 특약들 뺄 수 있죠? 어차피 설계서 주셔도 제가 쓸데없다고 생각되거나 걸릴 확률이 낮다고 판단되는 특약들은 다 뺄 거니깐 알아서 먼저 좀 빼주세요. 저는 보험료를 최대한 줄이고 싶어요. 그러면 당연히 보험료도 많이 줄어들겠죠? 재설계 부탁드려요."

보험료는 확률에 의해 산출된다. 해당 보험 특약의 보험금을 지급할 확률이 높으면 보험료는 올라가고 반대로 낮으면 보험료도 내려간다. 보험설계 시 먼저 포함하는 것은 보험가입자가 해당하는 경우가 많다고 예상되며 경제적 손실이 큰 특약부터 채워나간다.

다음 설계서를 살펴보자. 3만원을 지급하는 '질병입원일당'이 5만원 지급하는 '중환자실 질병입원일당'보다 지급확률이 높기 때문에 보험료도 월등히 비싸다. 30세 이전에 암에 걸릴 확률보다 100세 이전에 암 진단받을 확률이 높기 때문에 30세만기보다 100세만기 암 진단 담보가 훨씬 비싸다.

특약	납입, 만기	가입금액	보험료
질병입원일당(1~180일)담보	20년납 100세 만기	30	14,121
질병입원일당(1~180일, 중환자실)담보	20년납 100세 만기	50	980
VDT증후군입원일당(1~120일)담보	20년납 100세 만기	30	207
식중독입원일당(4~120일)담보	20년납 100세 만기	30	18
상해입원일당(1~180일)담보	20년납 100세 만기	30	4,368
상해입원일당(1~180일, 중환자실)담보	20년납 100세 만기	50	1,050
질병특정고도장해담보	20년납 80세 만기	10,000	366
암진단담보	20년납 100세 만기	20,000	16,546
암진단담보	20년납 30세 만기	10,000	370

이처럼 종합보험에 포함된 다양한 특약을 살펴보면 보험료 대부분을 차지하고 있는 특약은 필수이다. 반대로 고객들이 쓸데없는 특약이라고 느끼며 보험료를 줄이기 위해 빼달라고 요구하는 특약들을 살펴보자.

어린이보험 설계서에서 갈무리하였다. 이 보험의 전체 보험료는 약 11만원이었다. 보험료가 부담되어 쓸데없는 특약을 빼겠다고 직접 확인한 특약들이다. 전부 다 합쳐봐야 1천원이 채 되지 않는다. 즉, 발병 확률이 낮아 쓸데없다고 느끼는 담보들은 역시나 보험료도 매우 저렴하기에 보험료 절감에는 크게 도움 되지 않는다.

특약	납입, 만기	가입금액	보험료
정신적장애진단담보	20년납 30세 만기	3,000	200
중대한재생불량성빈혈진단담보	20년납 80세 만기	10,000	24
조혈모세포이식수술담보	20년납 80세 만기	20,000	150
어린이개흉심장수술담보	20년납 30세 만기	2,000	120
추간판장애수술담보	10년납 100세 만기	3,000	2,094
소아탈장수술담보	20년납 30세 만기	200	38
모야모야병개두수술담보	20년납 30세 만기	10,000	25
어린이심장시술담보	20년납 30세 만기	1,000	26
호흡기관질병수술담보	20년납 100세 만기	200	7
시청각질환수술담보	20년납 100세 만기	100	131

☑ **POINT**

보험료는 적정선이 있기 때문에 싸게 많이 보장받을 방법은 없다. 그래서 내 소득수준에 맞게 납입 가능한 수준에서 합리적인 설계를 해야 한다. 발병확률이 매우 낮다고 느끼는 특약의 보험료도 확률만큼이나 가격이 낮아 보험료 절감에 도움 되지 않는다.

이 세상에 죽지 않는 사람은 없다

친구가 가입한 보험은 사망하면 2억원 나오는데 월 5만원이래요.
그런데 왜 나는 월 20만원인데 1억원인가요?

(35/이한수/공무원/남자/보험)

자녀가 태어나자 아이 아버지는 사망보험금에 대한 필요성을
느꼈다. 그래서 고민하다 매달 200만원씩 하던 적금에서 20
만원을 줄이고 그 돈으로 사망보험에 가입해야겠다고 결정하였다.

본인이 사망하면 2억원 정도 아이에게 남겨주고 싶어 했다. 사망보장
을 위한 종신보험은 납입완료시점에 원금과 비슷한 수준의 해지환급금
이 쌓이며, 만약 본인이 사망한다면 자녀에게 유산을 남길 수 있다. 반
대로 사망하지 않는다면 해지환급금을 다른 곳에 사용할 수도 있다는
계산으로 보험설계를 의뢰하였다. 하지만 설계서를 받자 흥분된 어조로
격하게 항의하였다.

"아무리 생각해 봐도 이해가 안 돼요. 어떻게 이럴 수 있나
요? 제가 보험상품을 잘 모른다고 생각하나요? 저도 주변에 충분
히 알아볼 만큼 알아봤습니다. 그리고 이번에 설계해 주신 건에
대해 친구와 함께 살펴봤어요. 아무래도 수당은 높고 혜택이 적

은 상품을 제게 권유해 주신 것인지, 아니면 친구가 아주 저렴하고 좋은 상품에 가입한 것인지 둘 중에 하나라고 생각합니다.

친구가 가입한 보험은 사망하면 2억원 나오는데 월 5만원(7년납)이래요. 그런데 왜 나는 월 20만원(20년납)인데 1억원인가요? 그렇게 안 봤는데 정말 어이가 없네요. 전 20만원이면 6~8억원은 충분할 거라고 기대했습니다. 이건 저를 무시한 것 같네요.”

보 장 명 칭	지 급 사 유 및 지 급 내 용	지급금액 (원)
교통재해 사망보험금	교통재해로 사망시	20,000,00
	-휴일에 발생한 교통재해로 사망시 추가	20,000,00
	-휴일에 차량탑승중 발생한 교통재해로	160,000,0
	사망시 추가지급	
	-평일에 차량탑승중 발생한 교통재해로	80,000,00

동일한 연령과 직업인데 아무리 상품이 상대적으로 보험료 차이가 난다고 해도 이렇게 차이가 날 수는 없다. 흥분을 진정시키고 친구가 가입한 상품을 함께 확인해 보자고 설득하였다.

확인 결과 휴일에 차량탑승 중 사망할 경우에 2억원이 지급된다. 반대로 제안받았던 매월 20만원을 20년간 납입하는 상품의 경우 원인과 상관없이 모든 사망에 대해 1억원이 지급되는 상품이었다.

이처럼 사망보험금도 일반사망/상해사망/질병사망/교통재해사망 등 종류가 다양하다. 가입 이후(자살의 경우 2년 이후부터) 원인을 고려하지 않고 모든 사망에 대해 보험금을 지급하는 일반사망은 보험료가 상대적으로 비쌀 수밖에 없다.

이 세상에서 죽지 않는 사람은 없기 때문에 보험회사는 가입자에게 반드시 사망보험금을 지급해야 한다. 종신보험의 경우 납입만 정상적으로 한다면 무조건 내는 돈보다 보험금을 많이 받는다. 그래서 보험회사는 보험료도 다른 보험에 비해 그만큼 많이 받는다. 보험회사는 20년간

20만원씩 보험료를 받는다면 총 4,800만원을 받고 최소 1억원은 확정으로 지급해야 한다.

반대로 교통재해사망이나 상해 사망의 경우 보험금을 지급할 수도 있고 지급 안 할 수도 있기 때문에 보험료가 매우 저렴했던 것이다. 확률이 상대적으로 낮기 때문에 그만큼 보험료도 낮다.

이처럼 상세내역에 따른 확인과 비교가 아닌 단순히 보험료만으로 비싸다 또는 싸다의 비교는 의미가 없다. 자, 당신의 자녀를 위해 사망보험에 가입하려 한다면 어떤 보험을 선택하겠는가? 미래를 알 수 있다면 확률도 낮고 저렴한 사망보험을 선택하겠지만 보험료는 좀 높더라도 모든 종류의 사망보험을 선택하는 것이 돈을 버는 길이다.

☑ POINT

사망도 종류에 따라 보험료가 달라진다. 단순히 사망보험금의 크기에 따른 보험료를 비교하지 말고, 사망의 원인에 맞게 비교해야 한다. 또한 되도록 모든 사망에 대해 보장되는 일반사망 보장을 선택하는 것이 좋다.

자신의 생애 경제가치의
총합은 얼마일까?

사망보험금 얼마만큼 가입해야 할까요?

(36/설민구/회사원/남자/보험)

설민구 님의 아내로부터 전화가 왔다. 남편을 좀 만나 달라고
하였다. 바로 사망보험금 때문이었다.

점심시간에 남편의 회사로 찾아가 만나서 이야기를 나누게 되었다.
부부가 보험 때문에 언쟁을 한 것이다. 서로의 이견이 좁혀지지 않자 결
국 아내는 내게 전화하였다.

"제가 원래 술을 좋아하기도 하지만 회사 일을 하다 보면 술
을 자주 마시게 되는데 아내가 무척 싫어해요. 그것 때문에 자주
싸워왔어요. 이번엔 보험 문제로 다투었고요.

아, 글쎄 저보고 그렇게 매일 술 먹을 거면 보험이라도 더 들
어놓고 먹으라는 거 있죠. 만약에 제가 죽으면 우리 두 아이와 살
기 위해 돈이 많이 필요하다면서 허 자산관리사님 만나서 추가
로 보험을 더 가입하라는 거예요.

그런데 저 이미 사망보험금 1억이 있거든요. 이거면 됐지 뭘
더 가입하라는 건지 모르겠어요. 솔직히 돈 아까워요. 차라리 그

돈으로 가족 외식이나 한번 더하는 게 낫지 안 그래요?

아내는 1억 가지고는 어림도 없다고 3억은 있어야 한다고 해요. 아, 남편 죽어서 돈 받는 게 무엇이 그리 좋다고 3억씩이나 가입하라는 건지. 3억이냐 1억이냐를 갖고 엄청 싸웠어요.

누구 말이 객관적으로 맞는 거죠? 사망보험금은 도대체 얼마만큼 가입해야 하는 거죠?"

사망보험금의 규모를 놓고 아내와 남편의 입장이 너무도 달랐다. 남편 입장에서는 아내가 본인의 사망보험금을 올려야 한다니 상당히 기분이 나빴다고 하였다. 그래서 먼저 사망보험금의 필요 규모를 산정하는 방법을 설명했다.

재무설계에서 통용되는 생애가치방법과 필요금액산정방법이 있다. 이 책에서는 간편하게 산정하는 방법을 소개하겠다. 나는 고객에게 질문하였다.

"현재 가장으로서 가정경제를 책임지고 계신데요. 본인이 살면서 아내와 아이들에게 경제적으로 꼭 책임지거나 지원해 주셔야 할 것들은 무엇이라 생각하시나요? 하나씩 말씀해 주세요."

"현재 거주하고 계신 주택을 제외하고 현금화할 수 있는 자산들을 말씀해 주세요."

"현재 월급으로 상환하고 있는 부채는 총 얼마 있으시죠?"

"자녀들의 교육자금은 당연히 부담하실 텐데요. 등록금도 지원해 줄 생각이 있으신가요? 두 자녀가 대학졸업까지 공부에 집중할 수 있도록 생활비는요? 그러면 결혼할 때는요?"

등 여러 질문을 하였다. 즉, 가장으로서 경제활동을 하여 가족들에게 기여하거나 책임져야 하는 부분들에 대한 질문이다. 아버지의 역할에서 돈을 벌어오는 것이 매우 중요하기 때문이다.

답변을 정리하였다. 본인이 없다면 이 돈들은 누가 해결한단 말인가? 자녀들을 양육하느라 오랜 시간 휴직한 아내가 자녀들을 돌보지 않고 직장에 나간다고 이 돈들을 벌 수 있을까? 그러면 자녀들은 누가 돌보는 가? 그 비용은? 답변을 써 내려가던 중 고객의 표정이 변하고 있었다.

구분		금액(만원)
필요금액 산출	비상예비자금(+장례자금)	–
	부채상환자금	22,000
	자녀교육자금(1명당 1억–6세 딸, 3세 아들)	20,000
	자녀 대학입학까지 생활비(17년X월 200만원)	40,800
	자녀결혼자금, 배우자 은퇴자금	–
	필요금액 합계	82,800
보유 금융자산	예적금	2,500
	퇴직금(비확정)	5,000
	수익증권(펀드포함)	1,000
	기타 자산	
	보유 금융자산 합계	8,500
조기사망 필요 금액		74,300

전부 정리해 보니 필요금액이 7억 4,300만원으로 산정되었다. 생활비를 제외하더라도 부채와 자녀교육자금만 4억 2,000만원이다. 현재 가입된 1억원으로는 어림도 없었다. 3억 2,000만원이 부족했다(여기서 전문적

인 재무계산을 통한 사망보험금 산출방법은 복잡하기에 생략한다). 그래서 고객에게 사망보험에 가입하는 세 가지 방법을 소개하였다.

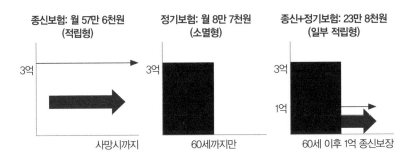

첫째는 사망시점과 관계없이 3억원을 보장해 주고 적립도 되는 종신보험이다. 둘째는 60세까지만 보장되고 이후엔 소멸되는 정기보험이 있다. 셋째는 내가 제일 많이 추천하는 방법의 혼합형이다.

종신보험으로 1억원 보장을, 정기보험으로 2억원을 보장하는 방법이다. 정기보험의 보장기간기준을 60세 시점으로 정한 이유는 고객의 막내가 대학을 졸업하는 시점이다. 자녀가 사회에 진출하여 경제활동을 시작하는 나이에는 부모의 사망보험금이 없어도 자립하여 최소한의 생활은 할 수 있기 때문이다(I사 기준 20년납으로 설계하였다).

사망보험금 크기에 대해선 사람마다 생각이 다르지만 돈이 필요한 항목을 떠올려보면 간단하다. 만약 오늘 사망한다면 현재 가진 자산에서 필요금액을 합산하면 산출되는 금액이 내 가족에게 필요한 사망보험금이다. 내가 부담 가능한 범위의 보험료를 정하여 합리적인 수준에서 결정하면 된다.

부부 사이의 대화에서 사망보험금을 이야기하는 것이 불편해선 안 된다. 남자와 여자의 보험금 크기는 다를지라도 서로를 수익자로 정하여 보험에 가입하는 것은 어찌 보면 기본의무이다.

이것이 싫은가? 미래의 자녀에게 한번 물어보라. 만일 당신이 사망한다면 사망보험금이 자녀에게 필요 없다고 생각하는지. 당신이 사망한 뒤 남은 가족들의 모습을 상상해 보자. 가족들에게 얼마의 사망보험금이 필요할까?

잘 보면 보이지
않던 돈이 보인다

 적립금 없는 보장성 보험인데 왜 환급금이 나와요?

(37/김혜연/주부/여자/보험)

매월 납입하는 보험료는 보장을 받기 위해 사용되는 보장 보험료와 보험회사에 저축되는 적립보험료가 합쳐져 있다. 보험은 만기 시 환급금이 있는 경우가 있다. 그러나 이 환급금이 없고 보험료가 저렴한 상품이 소멸성 보험이다.

소멸성은 적립보험료 없이 보장보험료로만 구성되어 있다. 분명 소멸성 상품의 보험료에는 저축목적으로 사용되거나 해지 시 돌려받는 적립보험료가 없음에도 해지환급금이 존재한다. 많은 사람이 이 부분을 이해하지 못 한다.

"소멸성이 환급형보다 많이 저렴한 것은 이미 알고 있어요. 그런데 서류를 살펴보니 좀 이상해서요. 제가 가입한 상품의 저축되는 적립보험료는 0원이어서 보장보험료만 매월 납입되는 것인데 여기 표에 보면 20년 시점에 111%라는 환급금이 보여요. 적립금 없는 보장성 보험인데 왜 환급금이 있나요? 소멸성 보험 맞아요? 적립금 들어간 거 아니에요?"

(단위: 원)

경과기간 (보험연령)	납입보험료	해지환급금	
		적용이율시	예상환급률
1년(38세)	253,524	0	0.0%
2년(39세)	507,048	0	0.0%
3년(40세)	760,572	0	0.0%
4년(41세)	1,014,096	0	0.0%
5년(42세)	1,267,620	0	0.0%
7년(44세)	1,774,668	0	0.0%
10년(47세)	2,535,240	0	0.0%
15년(52세)	3,802,860	0	0.0%
20년(57세)	5,070,480	5,634,224	111.1%
25년(62세)	5,070,480	5,919,483	116.7%
30년(67세)	5,070,480	6,003,928	118.4%
35년(72세)	5,070,480	5,752,645	113.4%
40년(77세)	5,070,480	5,089,684	100.3%
45년(82세)	5,070,480	4,070,230	80.2%
50년(87세)	5,070,480	2,848,833	56.1%
55년(92세)	5,070,480	1,685,436	33.2%
60년(97세)	5,070,480	651,351	12.8%
만기(100세)	5,070,480	0	0.0%

보장 받는 기간   잔여 기간(해지 시 환불)

37세   57세(20년 납입완료)   100세

63년(100세)까지 보장 받기로 하고 계약하여 20년간 총 보험료를 납입

해당 보험은 20년 납입으로 100세까지 보장받는 순수 보장성 상품이다. 그런데 왜 완납 시점에 111%라는 원금보다 많은 환급금이 발생할까? 해지환급금은 계약을 해지했을 때 받는 돈이다.

김혜연 님은 현재 37세로 지금부터 63년간(100세까지) 보장받는 계약을 했다. 그리고 계약에 대해 20년간 보험료를 납입하였다. 그런데 해지하면 보험회사는 아직 보장해 주지 않은 기간에 대한 보험료를 환급해 줘야 한다. 돈은 이미 다 지급했는데 잔여기간이 남았으니 그 기간에 대해 환급하는 것이다.

중도해지기 때문에 총 보험료 중 사용되고 남은 돈을 해지환급금으로 지급하는 것이다. 그래서 소멸성임에도 해지하면 남은 43년에 대한 환급금(그동안 그 돈에 이자도 붙었다)이 발생한 것이다.

만약 100세 시점에 해지한다면 환급금은 0원이다. 계약기간을 다 채웠기 때문에 돌려줄 돈이 없는 것이다.

☑ POINT

소멸성은 만기 시 환급금이 없다는 의미이다. 그런데 보험료를 전부 완납하고 나서 전체 보험 보장 기간을 채우지 않고 중도에 해지한다면 남은 기간에 대해 환급해 줘야 한다. 그래서 소멸성도 중도해지환급금이 발생한다.

마치 헬스장 1년 계약에 대해 돈을 냈다가 중간에 해지하면 남은 기간에 대해 위약금을 제외한 돈을 돌려받는 것처럼 말이다.

한 장으로 끝내는
내 보험 분석방법

보험 정리를 간편하게 종이 한 장으로 하는 방법 있나요?

(36/김정구/회사원/남자/보험)

내가 가진 보험에 대해 분석하기 위해 반드시 보험설계사에게 상담받을 필요는 없다. 스스로 기준점을 세운다면 얼마든지 혼자서도 할 수 있다.

다만 이 기준점이나 핵심에 대해 고민해 봐야 하고 어려워 보이는 증권도 읽어보고 의미에 대해 생각해 봐야 한다.

"보험설계사에게 현재 내가 가진 보험에 대해 상담을 받게 되면 자꾸만 리모델링하라고 하거나 추가로 보험에 가입하라고 할까 봐 많이 부담스러워요. 그런데 혼자서 내 보험을 정리해 보려고 하면 너무 복잡하고 어렵기도 해요.

혹시 보험 정리를 간편하게 종이 한 장으로 하는 방법 있나요? 한 장이 넘어가면 너무 어려운 것 같아요."

실제로 사용되는 A4 한 장의 표를 소개하겠다. 종이를 꺼내서 직접 그리거나 엑셀을 이용하면 간편하다.

나현명님(85년 08월 18일) 33세		종신보험	종합손해	4대진단
보장기간		종신/100세	100세	100세
계약일자		2015.01.06		
월보험료(원)		157,870	51,200	138,000
특징		60세 이후 증가	화재벌금포함	재해지진단금
납입기간		20년	20년납	20년
일반사망	질병사망	6,000		
	질병이외시망	6,000		
재해사망	재해사망	6,000		
	상해사망	6,000	5,000	
재해상해(장해율%)		5,000		
암	일반암	1,000		7,000
	소액암	200		1,500
	암수술비			200
	암입원비	15		20
	항암방사선	100		500
뇌 관련 질환	뇌혈관			1,000
	뇌졸중			4,000
	뇌출혈	2,000		
심장 관련 질환	허혈성			1,000
	급성심근경색	2,000		4,000
수술비	질병수술	30~600	20	
	재해/상해수술	30~600	100	
입원비	질병입원	3~8	3	
	재해/상해입원	3~8	3	

돈 없이 111세까지 살아버린다면?

보험으로 인해 꼭 필요하다고 판단되거나 핵심되는 보장담보들을 왼쪽에 적는다. 여기서 중요한 것은 큰 분류로 적어야 한다. 예를 들어, 암이라면 그냥 일반암과 소액암 정도의 분류만 하는 것이다. 남성특정암이나 6대암 처럼 골라서 주는 암이 아니라 포괄적으로 지급하는 '일반암 진단금'을 분류기준으로 삼아야 한다.

나머지도 마찬가지다. 상단에는 가입 정보를 적고 하단에는 실비 여부와 기타 특약들에 대해서 나열하여 적으면 된다.

해당 보험사고 발생 시 얼마를 받는지 금액들로 숫자를 나열하여 합산해 보면 내가 가진 보장에 대해 파악할 수 있다. 여기서 중요한 점은 상세하고 많은 내용이 아니라 한눈에 들어올 수 있게 핵심만 모아서 정리하여 판단하는 것이다.

☑ POINT _____

가입한 보험에 대해 스스로 정리할 수 있다면 어떤 보험설계사와도 깊이 있는 대화를 나눌 수 있으며 보장에 대한 주관도 가질 수 있다. 이 표는 지난 10년간 보장상담을 진행하며 사용된 표이니 한번 사용해 보기 바란다.

57

세상에
공짜밥은 없다

 환급 보험이 좋은 거 아닌가요?

(37/최민정/주부/여자/보험)

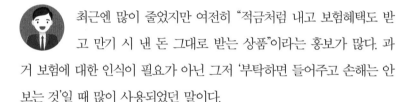최근엔 많이 줄었지만 여전히 "적금처럼 내고 보험혜택도 받고 만기 시 낸 돈 그대로 받는 상품"이라는 홍보가 많다. 과거 보험에 대한 인식이 필요가 아닌 그저 '부탁하면 들어주고 손해는 안 보는 것'일 때 많이 사용되었던 말이다.

아직도 많은 사람의 뇌리에 박혀 있어 고객과 보험판매인들이 나누는 대화 속에서 확인할 수 있다.

"보장 구성도 좋고 다른 보험보다 보험료도 매우 저렴하네요. 그런데 나중에 원금은 다 돌려받는 거죠? 안 된다고요? 그러면 무늬만 좋고 실속은 별로인 상품이네요. 아, 속은 기분이네요.

나중에 원금 돌려받는 보험으로 소개해 주셔야죠. 그게 당연히 기본 아닌가요? 환급 안 되는 보험이 좋은 거라니 이해가 안 가네요. 환급되는 보험이 좋은 거 아닌가요?"

보험은 주계약과 특약으로 구성되며 매월 납입하는 보험료는 보장

보험료와 적립보험료로 구성되어 있다(손해보험의 경우이며 생명보험은 약간 다르지만 비슷하다). 이 중 보장보험료는 보험금을 지급하기 위해 사용되는 돈으로 저축이 아니다. 즉, 보장보험료를 내는 사람들의 돈을 모아서 누군가에게는 지급된다. 내게 해당 보험사고가 발생하지 않아서 보험금을 받지 못 한다고 하여 돌려받는 돈이 아니다. 복권을 사서 당첨되지 않았다고 하여 돈을 다시 돌려받지 못하는 것과 같다.

납입한 적립보험료는 중도해지하거나 만기 시에 이자가 계산되어 돌려받는다(대신 사업비는 공제되고 받는다). 그런데 많은 사람이 보장이 아니라 환급금에 중점을 두고 보험을 선택하는 오류를 범한다. 저축을 원한다면 보장성 보험이 아니라 저축성 보험에 가입하는 것이 차라리 낫다.

다음의 비유를 통해 살펴보자. 동일한 보험료 10만원을 납입하는 소멸성 A와 환급형 B가 있다.

소멸성 A	VS	환급형 B
보장보험료 10만원 +적립보험료 0원 =합계 매월 10만원		보장보험료 1만원 +적립보험료 9만원 =합계 매월 10만원

A는 10만원이 전부 보장보험료로 구성되어 있고 B는 1만원은 보장보험료, 9만원은 적립보험료로 되어 있다. A는 적립보험료가 없기 때문에 만기 시 환급금도 없다. 적립보험료는 내지 않아도 무관하지만 없으면 환급금도 없기 때문에 B는 적립보험료를 9만원으로 채운다. B는 9만원씩 납입한 돈이 쌓여서 만기 때 이자를 포함하여 10만원(내가 납입한 9만원 + 이자 1만원)을 돌려받게 된다.

보장의 크기는 보장보험료로 비교해야 한다. A의 보장 보험료는 10만 원이고 B의 보장보험료는 1만원이기 때문에 A는 B보다 보장 크기가 10 배인 것이다.

보장이 보험가입 목적이라면 당연히 둘 중 A를 선택해야 한다. 하지만 사람들은 보장은 고려하지 않고 환급금에 중점을 두고 B를 선택하는 일이 많다. B는 납입하지 않아도 되는 적립보험료를 제외한다면 A의 10분의 1인 1만원짜리 보험이다. 그래서 매월 동일한 보험료를 낸다고 하여 A와 B가 같은 보험이라고 생각하면 안 된다.

이를 정리하면 A와 같은 보험료를 납입하는 B는 환급금이 발생하지만 반대로 그만큼 보장은 작다는 것이다. 따라서 환급금은 상품을 평가하는 우선순위가 되어서는 안 된다.

☑POINT

보험상품에서 환급금이 나온다는 의미는 내가 내지 않아도 되는 저축보험료를 낸 건 아닌지 의심해 봐야 한다. 하지만 많은 사람이 보장이 좋은 것보다 환급률이 좋은 상품이 좋다고 착각한다. 보험상품을 선택할 때는 보장에 중점을 두어야 한다.

바보야! 중요한 것은
보험료가 아니라 보험금이야!

암(또는 중대질환) 진단금 보험료 얼마를 가입해야 할까요?

(37/권혁태/사업가/남자/보험)

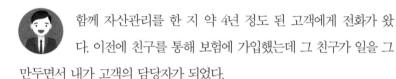
함께 자산관리를 한 지 약 4년 정도 된 고객에게 전화가 왔다. 이전에 친구를 통해 보험에 가입했는데 그 친구가 일을 그만두면서 내가 고객의 담당자가 되었다.

평상시 그 친구와 나는 친분이 두터웠다. 일을 그만두면서 본인의 고객들을 잘 부탁한다며 신신당부하였다. 그렇게 만나게 된 분이 권혁태 님이다. 아내가 자녀 학부모 모임에 나갔다가 한 학부모가 암 진단을 받았다는 이야기를 듣고 오셨다.

"40대 초반의 학부모인데 암 진단받은 것을 보고 남 일 같지 않았습니다. 아내가 보험을 점검했는데, 암 진단금이 너무 작다고 하네요. 암보험을 추가로 더 가입할 수 있을까요?

기존 보험에 암 진단금은 2,000만원이 가입되어 있지만 실제로 너무 작은 것 같아 늘리고 싶습니다. 암 진단금 보험은 보험료를 어느 정도로 해서 가입해야 할까요?"

여러 가지 보험 중 가장 많이 가입하는 보험 중 하나가 진단금 보험이다. 암 진단금보험뿐 아니라 뇌, 심장과 관련한 중대질환 진단금의 경우도 판단 방법은 동일하다.

진단금 보험은 납입보험료를 중심으로 결정하는 것이 아니라 진단금의 크기로 판단해야 한다. 암이나 뇌, 심장 관련 중대환으로 진단을 받게 되면 많은 돈이 필요하다.

병원비의 경우 건강보험을 통해 많은 부분을 지원받을 수 있어서 암진단금이 필요 없다고 생각하는 사람들도 종종 있다. 그러나 암 진단금은 치료비의 목적으로만 사용되지 않는다. 실비보험과 국민건강보험이 있다면 치료비에 대한 부담은 상당히 완화되지만 중대질환 진단을 받은 환자는 일상생활을 하며 많은 어려움을 겪는다. 경제적 활동이 끊기기 때문에 암 진단금을 받은 고객을 살펴보면 의료비보다는 생활비로 사용되는 경우가 많다.

예를 들어 가정해 보자. 두 아이의 아버지인 37세 권혁태 님이 암 진단을 받는다면 다니던 직장에 계속 다니기는 어렵다. 치료를 위해 직장(하던 일)을 그만둘 수밖에 없고 치료기간 동안 경제적 활동을 하기가 어렵다.

그렇다면 두 아이를 포함한 이 가정에서 아버지가 완치하고 다시 경제적 활동을 시작할 때까지의 생활비는 얼마나 필요할까?

암 환자의 생존율이 점점 높아지고 있다. 그만큼 치료기간도 길어질 수 있다는 이야기다. 병원비가 아닌 치료받는 기간 동안의 생활비만 생각해 보자. 최근 통계를 살펴보면 암 환자의 경우 5년 생존율은 높아지고 있기 때문에 5년의 생활비를 예상해 보자.

아내가 경제적 활동을 하겠지만 남편이 직장에 다니던 시절만큼의

(단위: %)

성별	발생기간				
	'93~'95	'96~'00	'01~'05	'06~'10	'11~'15
남녀전체	41.2	44.0	54.0	65.2	70.7
남자	31.7	35.3	45.4	56.5	62.8
여자	53.4	55.3	64.2	74.2	78.4

* '93~'95년대비 '10~'15년 암발생자의 생존율 차이

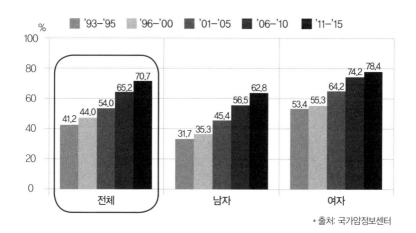

* 출처: 국가암정보센터

소득은 올리지 못할 것이다. 두 아이의 양육수준도 떨어질지도 모른다. 암 진단금이 얼마나 필요할지에 대한 기준은 사실 개개인에 따라 차이가 크다. 상담을 의뢰한 고객에게 내가 답을 주기보다는 직접 정하라고 한다.

내가 만일 내일 암에 걸려 5년 동안 치료를 받아야 하는 상황이라면 얼마가 필요할까? 당신도 한번 상상해 보라. 5년간 치료에 온전히 집중할 수 있을 만큼의 돈은 얼마일까? 암 환자가 되었는데 가족들과 본인

의 생계비로 충분한 진단금을 받는다면 마음이 편할 것이다.

저가상품만을 선호하면
언젠가 대가를 치른다

TV(온라인) 보면 싼 보험 많던데 그게 싸고 좋은 거 아닌가요?

(38/김순희/식당홀/여자/보험)

인터넷으로 구매하거나 홈쇼핑으로 물건을 구매하는 것은 이제 삶 속에서 일상이다. 오프라인보다 인터넷이 저렴하고 다수의 소비자가 동시에 구매하는 홈쇼핑이 많이 할인되는 것은 상식이 되었다. 그런데 물건이 아닌 보험도 과연 그럴까?

"요즘 홈쇼핑 보면 물건들이 너무 저렴하고 품질도 좋게 잘나오는 것 같아요. 같은 물건이라도 오프라인에서보다 인터넷으로 사는 게 저렴하니 다 온라인으로 주문하게 돼요.

보험도 설계사들 통해서 가입하는 것보다 TV(온라인) 보면 싼 보험 많던데 그게 싸고 좋은 거 아닌가요? 오늘 (유료)상담도 상품 가입보다는 보장설계를 받기 위해서 요청 드렸어요. 그러면 그 보장에 맞는 상품들만 온라인이나 홈쇼핑 통해서 가입하면 되니까요."

온라인이나 홈쇼핑 보험이 싸다는 것은 반은 맞고 반은 틀리다. 일부는 분명 저렴한 보험도 있으나 대부분 오프라인에서 판매되고 있는 상품과 가격이 동일하다. 그런데 홈쇼핑이 당연히 쌀 거라는 인식 때문에 홈쇼핑에서 많은 판매가 이루어지고 있다.

홈쇼핑을 통해 보험에 가입하려면 일단 상담신청을 해야 한다. 그러면 상담원이 배정되고 상담을 통해 가입하기 때문에 결국 오프라인과 동일한 과정을 거친다. 상품도 동일한 경우가 대부분이기 때문에 소비자가 기대하는 것처럼 설계사 수수료가 없으니 많이 저렴할 것이라는 건 기대심리에 따른 착각이다. 전화상담원에게도 수수료가 지급되기 때문이다. 결국 경로만 다를 뿐 구성은 같다.

완전 직접 설계와 직접 가입의 경우에는 보험료가 저렴하긴 하다. 그러나 대부분의 소비자는 스스로 보장을 결정하고 설계하여 가입하는 것을 어려워한다. 결국 이를 도와줄 사람이 필요하고 그들에게 수당이 지급되기 때문에 소비자가 기대하는 설계사를 통해 가입하는 것보다 저렴한 보험료로 가입하는 사례는 생기지 않는다.

다만, 저렴한 인식을 심어줘야 하므로 상품 구성을 저가 중심으로 한다. 예를 들면 부분이 보장되지만 많은 것이 보장되는 것처럼 착각을 일으키는 홍보나 갱신형으로 구성한 뒤에 저렴한 보험료를 강조하는 현상이 생긴다.

단순히 가격이 낮다고 해서 무조건 좋은 것만은 아니다. 나에게 맞는 보장을 잘 설계하여 가입하는 것이 중요하다. 또, 가입 이후 보험금 청구를 할 때 조언을 받거나 추후 환경의 변화로 인해 보완이나 조정을 해야 할 경우도 상담서비스를 받아야 하는데 홈쇼핑이나 온라인의 경우는 서비스를 받기가 어렵다.

나무가 아닌
숲을 보는 선택을 하는 방법

가입하면 선물 많이 주는 보험이 혜택 많고 좋은 거 아닌가요?

(39/정윤희/주부/여자/보험)

과거 보험에 대한 인식이 좋지 않고 필요 없지만 정 때문에 어쩔 수 없이 하나 들어준다는 표현이 대중적이었던 시절에는 보험가입 권유 자체가 상대방에게 민폐였다. 아니 민폐라고 생각하며 스스로가 부끄러워하면서도 실적을 위해 가입 권유를 했던 설계사가 많았다. 당연히 미안함이 내포되어 아쉬워하며 선물이나 보험료 대납 등을 제공하며 지인에게 부탁했다. 게다가 아직까지 '서비스'라는 단어에는 무언가 공짜로 더 주거나 물질적 이득을 준다는 인식이 남아 있다.

최근에는 보험이 전문 영역이기 때문에 유료로 돈을 내서라도 전문가에게 제대로 상담을 받아야 한다는 인식이 점점 확산되고 있다. 보장은 당연히 필요한 것이며 잘 가입하지 못할 경우 큰 경제적 손실이 생기기 때문에 처음부터 제대로 가입해야 하고 혹시라도 잘못 가입되었다면 바로 잡아야 하기 때문이다. 하지만 아직도 과거의 폐해는 남아 있다.

"사실 얼마 전에 우리 아이들 엄마 모임에 갔다가 보험 이야기를 하게 되었어요. 얼마 전 친구가 암으로 사망했었는데 그 이

야기를 하다가 보험 이야기가 나오게 된 거죠.

사실 친구가 그리 된 모습을 보니 저도 걱정이 되어서 저희 아이들을 위해 3억짜리 사망보험금에 가입해야겠단 생각을 했어요. 이번에 적금 새로 가입하려는 돈이 있었는데 그 돈으로요.

그런데 그 모임의 한 엄마가 남편이 보험회사에서 근무한다며 거기에 좋은 상품을 소개해 주겠다고 하더라고요. 그래서 따로 만나 제안을 받았는데 매월 50만원씩 70세까지 납입하는 보험에 가입하면 선물 대신 현금으로 150만원을 주겠다고 하더라고요. 다른 상품은 안 되고 그 상품으로 해야만 그만큼 해 줄 수 있다고 해서 150만원이란 소리에 가입했어요.

집에 돌아와서 이틀을 곰곰이 생각해 보니 좀 찜찜하더라고요. 선물로 현금을 받으니 좋게 느껴지긴 하는데 왠지 좀 당하는 느낌도 들고요. 그런데 한편으로 어차피 가입하는 보험인데 이렇게 서비스로 3개월 치 보험료도 준다고 하니깐 내가 대우 받는 것 같고 현명하게 잘 고른 것 같기도 하고요.

가입하면 선물 많이 주는 보험이 혜택 많고 좋은 거 아닐까요? 객관적인 답변이 듣고 싶어서 이렇게 유료상담을 신청했어요. 그냥 다른 설계사 분들에게 문의하면 해지하고 다른 걸로 하라고 할까 봐서요.”

이야기를 듣다 보니 정말 무언가 찜찜했다. 150만원은 굉장히 큰돈이다. 같은 보험설계사의 입장에서 볼 때 심하게, 아니 아주 과하게 무리를 한 걸로 생각된다. 그렇게 고객에게 수당을 주고 나면 나중에 서비스는 어떻게 제공하려고 할까? 보험설계사들이 받는 수수료는 추후 서비스를 위한 몫도 포함되는 것인데 왜 제 살 깎아 먹기 같은 행동을 할까.

가입한 보험 서류를 살펴봤다(정보 노출 때문에 증권이 아닌 온라인에서 재구성된 화면으로 대신한다).

해당 상품은 70세까지 매월 525,000원씩 납입하여 총 약 2억 160만 원을 납입하게 된다. 당시 내가 알고 있던 일반적인 종신보험에 비해 특별한 기능이나 옵션이 포함되어 있지도 않았다.

그리고 조사하다가 알게 되었다. 사업비가 다른 상품에 비해 높게 측정되어 있었고 프로모션 비용이 포함되었고 추가수수료까지 지급되는 상품이었다.

고객은 150만원의 현금을 받게 되어 남들보다 서비스를 더 받았다고 생각했지만 결국 고객이 납입하는 보험료에 다 포함된 것이다. 받은 돈을 설계사에게 돌려드리고 다시 생각해 보라고 권해드렸다.

며칠 후 결국 철회하고 내게 다른 상품을 알아봐달라며 전화를 하셨다. 후에 들은 이야기로는 아이 친구 엄마가 모두 모인 자리에서 이 고객이 현금을 받고 계약했다며 다른 엄마들에게도 그렇게 하라며 권유를 하였고 그 부분도 매우 불쾌했다고 하셨다. 보험을 취소한다고 하자 태도가 돌변하여 불같이 화를 내어 모임에서는 서로 멋쩍게 되었다고도 덧붙이셨다. 의뢰를 받았기 때문에 다시 3억원이 보장되는 다른 상품을 알아봐 드렸다.

계약기본정보

보험증권번호	*****830	상품명	▓▓▓ ▓▓ ▓종신보험(무배당,▓▓▓종신▓▓)		
계약자명	▓▓▓	주피보험자명	▓▓▓	계약일	▓▓▓ ▓ ▓ ▓ ▓
계약상태	유지	납입상태	납입중	납입주기	월납
유지년월(횟수)	▓▓▓ ▓ ▓	예정이율	2.85 %	미래기준가	당일가
연금개시		지점	▓▓▓▓▓	재정컨설턴트	허태호 (010-6420-2263)

계약자/피보험자 정보

구분	고객명	성별	생년월일	구분	고객명	성별	생년월일
계약자	▓▓▓	여자	790▓▓	주피보험자	▓▓▓	여자	790▓▓
종피보험자1				종피보험자3			
종피보험자2				종피보험자4			

구분	가입금액(만원)	보험기간(만기일)		납입기간		보험료(원)
주계약	30,000	종신	70	세납		310,650

※갱신형 계약의 경우 보험료는 갱신일 현재 피보험자(보험대상자)의 나이와 보험요율을 적용하며,
갱신계약의 보험료는 피보험자(보험대상자)의 나이증가 등에 따라 최초계약 당시보다 인상될 수 있습니다.

합계보험료	310,650

　　매월 31만원을 납입하며 총납입완료 시 1억 1,900만원이 된다. 이전 상품과 비교해 보면 매월 21만원의 차이가 생기며 총납입금액에서는 무려 약 1억 1,900만원의 차이가 생긴다. 150만원의 현금선물을 받고 1억 1,900만원이나 보험료를 더 납입할 뻔했다.

　　정윤희 님은 마치 휴대폰을 살 때처럼 상품 가격은 동일하지만 사람에 따라 서비스(추가로 지급받는 무언가)가 다를 것으로 생각하였다. 하지만 이처럼 상품과 설계도 달라지며 납입하는 보험료도 천차만별로 달라질 수 있다.

보험에 가입할 때는 본질인 보험에 집중하고 선물이나 현금에 현혹되지 말자.

　만약 당신이 보험설계사라면 굳이 받은 수당을 고객에게 주면서까지 계약을 체결해야 할 이유가 있을까? 수수료를 위해 일하는데 수수료가 남지 않는다면 추후 고객에게 서비스는 제대로 할 수 있을까?

　나무가 아닌 숲을 보는 선택을 해야 한다. 선물로 보험을 선택한다면 조삼모사다. 보험가입 이후의 보험금 청구나 자문서비스도 매우 중요한 판단의 기준이다.

나누어서 길게
납입하면 이득이다

보험료 납입 짧은 게 좋은 거 아닌가요?

(39/이은정/주부/여자/보험)

약 5년 전에 직전 담당자가 그만두어 내가 새로운 계약 담당자로 변경된 고객이 있다. 가입한 보험과 펀드를 관리하고 있었는데 사망보험금에 가입하고 싶다며 연락이 왔다.

"얼마 전 친구의 장례식에 다녀왔어요. 분명 지난 동창회에서 만났을 때 멀쩡했었거든요. 3개월 전에 수술했다는 연락을 받고 병문안을 갔었어요. 그때 그 친구가 유방암 4기인데 얼마나 살 수 있을지 잘 모르겠다고 하더군요.

친구는 암보험과 실비로 병원비 걱정은 없다고 했어요. 죽을 수도 있다는 생각이 드니 두 아이 때문에 너무 걱정되더래요. 그래서 보험에 대해 한참 이야기를 나눴죠.

그 친구가 지난주에 사망했어요. 친구 장례식장에 다녀오니 여자도 자녀들을 위해 사망보험금이 필요하다고 친구와 이야기를 나눈 게 생각났어요. 이번에 적금이 만기 돼서 적금을 새로 가입하려고 했었는데 그 돈으로 사망보험금에 가입하고 싶어요.

20만원으로 적금 가입하려고 했는데 계산해 보니 20만원 적금을 10년 가입해 봐야 2,500만원도 안 되잖아요. 이자율도 낮고……:

만일 내가 사망하면 우리 두 아이에게 그때까지 납입한 적금이 상속될 텐데 얼마나 되겠어요. 10년 꼬박 다 내봐야 2,500만원인데 대학입학금 내면 그만이라 별로 도움이 안 될 거 같아요. 차라리 그 돈으로 사망보험 가입하려고요.

만일 서한테 무슨 일 생기면 사망보험금이 사랑하는 우리 두 아이에게 더 큰 힘이 될 거 같아요. 경우에 따라 지급이 될 수도 있고 안 될 수도 있는 보험 말고 어떤 경우에도 사망하면 보험금이 나오는 보험으로 알아봐 주세요. 그리고 친구가 그러는데 납입기간은 짧은 게 좋은 거라면서요? 최대한 짧은 납입기간으로 해 주세요."

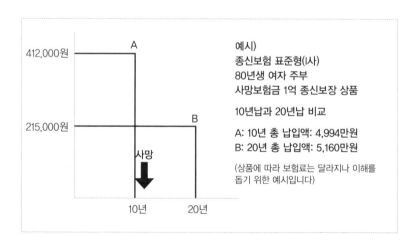

예시)
종신보험 표준형(I사)
80년생 여자 주부
사망보험금 1억 종신보장 상품

10년납과 20년납 비교
A: 10년 총 납입액: 4,994만원
B: 20년 총 납입액: 5,160만원

(상품에 따라 보험료는 달라지나 이해를 돕기 위한 예시입니다)

좀 더 대화를 나눠보니 짧게 납입하는 게 저렴하고 길게 내면 보험회사만 이득이라서 짧은 걸 선호하였다. 길게 납입하는 것이 보험회사만을 위한 것으로 생각한 것이다. 과연 짧게 내는 게 이득일까?

보통 사람들은 월납입 금액과 본인이 납입하고 싶은 기간을 선택한 후 그에 맞게 계산된 보장을 가입한다. 그러나 사실은 정반대로 생각해야 한다.

내게 필요한 보장의 규모와 범위를 먼저 결정해야 한다. 결정된 내용에 따라 총 납입해야 할 보험료가 결정된다. 그리고 나서 총 보험료를 몇 년으로 할부납입을 할지 선택한다. 10년 납입을 하려고 했더니 납입해야 할 보험료가 내게 너무 부담스러워 납입기간을 20년으로 바꾼다면 약 2분의 1로 줄어든다. 다만 납입기간이 길어진 만큼 이자율이 발생하기에 총액으로 비교하자면 조금 더 비싸다.

짧게 내면 고객에게 유리하고 길게 내면 보험회사에 유리하다는 상식은 잘못된 것이다. 간혹 오해하는 분 중엔 20년납이나 25년납이나 보험료와 보장은 똑같은데 5년을 더 납입하면 그만큼 설계사에게 수당이 높게 책정된다고 생각하는 사람도 있다.

보험이란 상품은 보험계리에 의해 철저한 계산이 반영된다. 10년 납입과 20년 납입의 총액은 크게 다르지 않다. 그러나 나는 특별한 경우를 제외하고 될수록 길게 내는 것을 추천한다. 여기엔 세 가지 이유가 있다.

첫 번째, 보험금을 받는 시점은 언제일지 모르나 A와 B의 보험금은 동일하다.

A와 B 두 경우를 비교해 보자. 보험은 불확실한 일을 대비하여 가입하는 것이기에 10년 뒤에 가입자가 사망했다고 가정해 보자(A는 10년 완납/B는 20년 중 10년 납입 중).

A는 4,994만원을 납입하고 1억원을 보험금으로 받게 되고 B는 2,580

만원을 납입하고 1억원을 보험금으로 자녀들이 받게 된다. 사망시점은 언제일지 모르지만 받는 보험금이 동일하다면 최대한 납입기간을 길게 하여 적은 보험료를 늦게 납입하는 것이 가입자에게 유리하지 않을까?

두 번째, 시간이 지남에 따라 화폐가치 하락으로 납입보험료에 대한 부담이 줄어든다.

A와 B의 예를 들어 살펴보자. 총액은 A가 좀 더 저렴하게 내는 것처럼 보일 수도 있다. 하지만 시간에 따른 화폐가치를 고려하였을 때도 그럴까?

A보다 두 배 긴 시간 동안 납입하는 B의 경우 시간이 지남에 따라 상대적인 화폐가치가 달라진다. 물가상승에 따른 보험가입자가 느끼는 부담률을 고려하면 20년의 기간 동안 부담률은 절반 가까이 떨어진다 (물가상승률 3% 가정 시 20년 뒤 20만원은 현재의 11만원과 같다).

내게 상담을 의뢰하는 고객들에게는 A보다 B를 선택하라고 조언한다. 그리고 그 차액인 약 20만원으로 적립식 펀드를 가입하라고 조언한다. 10년 뒤 당신이 생존해 있다면 보장보험 이외에 매월 20만원씩 저축한 펀드자산이 추가로 생기고 21만 5천원씩 내던 보험료에 대한 부담은 시간이 지남에 따라 화폐가치 하락으로 부담이 줄어들었을 것이다.

A의 경우 10년 뒤 완납된 1억원 사망보장 보험을 갖고 있다. 하지만 B의 경우 1억원 사망보장 보험과 약 3,610만원의 금융자산(주식형 펀드수익률10% 가정 시)을 추가로 보유하고 있다. 관점을 어디에 두고 평가하는가의 문제지만 B가 더 합리적이라고 생각한다.

세 번째, 불가피하게 중간에 해지할 수도 있다.

보험을 해지하면 손해라는 건 누구나 아는 사실이다. 그런데 피치 못

할 사정으로 원치 않지만 해지해야 할 수도 있다. 사람 일을 누가 장담하겠는가. 다음 두 경우는 앞서 예로 살펴본 상품설계의 환급금 표이다.

A의 경우 손해금액이 692만원, B의 경우 338만원이다. 역시나 B가 더 현명한 선택이다.

경과기간 5년 뒤	납입보험료	해지환급금
A	23,978,400원	17,052,000원
B	12,513,000원	9,135,000원

그리고 보통 설계사 수당은 짧게 내는 것보다 길게 낼 때 오히려 작다. 그만큼 가입 고객에게 유리하다는 반증이 되지 않을까?

세 가지 이유로 보험에 가입할 때 짧게 납입하는 것보다 길게 납입하는 것을 추천한다.

이은정 님은 여러 상품을 비교한 뒤 결국 70세까지 20만원을 납입하고 1억 5,000만원을 보장받는 사망보험에 가입하였다.

☑ POINT _____

보험은 언제 일어날지 모를 불확실성을 담보로 가입하는 상품이다. 납입기간을 고려할 때도 이 불확실성이 전제되어야 한다. 지금 당장 눈에 보이는 숫자 크기로만 판단하는 당신! 보험에 가입하는 이유인 불확실성부터 고민해야 한다. 내게 일어날 일을 미리 알 수 있는가?

바구니에 전부
담을 수 없다

다 보장되는 그런 보험 있죠?

(39/양정화/주부/여자/보험)

주변에 질병으로 인해 고생하는 경우를 보게 된다면 혹시 나에게도 같은 일이 일어날까 봐 겁이 날 것이다. 그럴 때 가장 먼저 생각나는 것이 보험이다.

"얼마 전에 아는 언니가 쓰러졌어요. 그때 이후로 마비가 와서 거동도 제대로 못 하고 일상생활은 굉장히 힘들어요.

언니 아이들도 있는데 꼴이 말이 아니에요. 엄마가 건강하지 못 하니 집안일도 못하고 아빠는 돈 벌러 직장에 다녀서 친정엄마가 집안일을 하시는데 친정엄마도 건강이 좋지 못해서 난리에요.

그래서 집안일을 해 주고 병간호도 함께 해 줄 사람을 알아보고 있다는데 돈이 어디 한두 푼이 들어야죠. 이번에 집 팔고 월세로 간다고 하네요.

그거 보니 정말 겁나요. 저희도 집안 식구들이 고혈압도 있고 뇌출혈로 쓰러진 어른도 계시거든요. 그래서 이번에 뇌질환은 다 보장되는 보험에 가입하고 싶어요. 가입하면 머리가 아프든 쓰러

지든 걱정 없이 다 보장받을 수 있는 그런 거요. 다 보장되는 그
런 보험 있죠?
　모든 뇌와 관련된 질환에 대해 진단금이 나오는 거로 가입하
고 싶어요. ”

　보험만 잘 가입해 놓으면 모든 위험으로부터 안심할 수 있지 않을까
기대하는 경우가 많다. 아무래도 일반인들의 경우 보험의 일부분만 알
고 많은 영역에 대해 알지 못하기 때문일 것이다.
　모든 뇌질환에 대해 병원에 가기만 하면 진단금을 받을 수 있는 보
험이라면 보험료도 어마어마할 것이다. 그래서 보험회사에는 공통의 범
위를 규정해놓고 해당 범위에 포함될 때만 보장하겠다는 가정으로 상
품을 만든다.
　아쉽게도 고객이 기대한 것처럼 모든 뇌질환의 경우 보장되는 보험
은 없다. 그래서 현재 가입 가능한 상품 중 가장 폭넓은 보장을 중심으
로 보험에 가입하는 것이다.
　뇌질환과 관련한 진단금 보험은 현재로써는 세 가지가 있다.

뇌혈관질환/뇌졸중/뇌출혈 특약이다. 해당 질병코드에 맞는 진단을 받게 되면 진단금을 받게 된다. 가장 폭넓은 특약이 뇌혈관질환 특약(I60~69)이기 때문에 뇌혈관질환 진단 담보를 중심으로 구성해서 안내해 드렸다.

☑ POINT _____

보험회사에 현존하는 다양한 보험상품이 있다. 모든 위험을 전부 다 보장하는 것은 불가능하기 때문에 가입 가능한 상품 중 폭넓은 보장을 중심으로 선택하여 가입하면 된다.

이럴 경우에는
보험보다 저축을 하세요

고령의 경우 보험에 가입하는 게 나을까요, 그 돈으로 의료비저
축을 하는 게 나을까요?　　　　(39/윤병수/자영업/남자/보험)

고객 본인의 보험에 대한 문의가 주되지만 부모님들 때문에
상담요청을 하기도 한다. 연세가 드시면서 점점 건강이 나빠
지고 병원 신세를 지게 되니 자녀로서 걱정되는 것이다.

직접 병원비를 계속 부담하기에는 경제적으로 힘이 드니 이제라도
보험에 가입하여 도움을 받을까 하여 문의를 해오셨다.

　　"장모님이 올해로 70세가 되셨어요. 그런데 병원 가시는 일이
점점 잦아지시더군요. 그리고 곧 수술도 해야 한다는 이야기도
들리고요. 그래서 어렵다고 생각하지만 혹시나 해서 여쭤봅니다.
보험에 가입하려 하는데 가능할까요?

　　다른 건 필요 없고요. 암 진단하고 수술비, 입원비 보장받을
수 있는 보험에 가입하고 싶어요. 사실 암이 의심되기도 하고 혹
시라도 진단받으면 수술과 입원을 하셔야 하니까요.

　　만약 보험료가 너무 비싸면 가입 안 하고 보험가입 대신 그
돈을 통장에 모을까 해요. 저희 장모님의 경우는 보험에 가입하

는 게 나을까요, 그 돈으로 의료비저축을 하는 게 나을까요?"

고객이 요구하는 항목에 맞춰 보험을 설계하니 굉장히 큰 액수의 보험료가 산정되었다. 당연한 결과다. 확률로 이루어진 보험인데 연세가 많고 보험료의 납입 기간이 짧으니 많은 보험료가 요구될 수밖에 없다.

소멸성임에도 그렇다. 총 납입하는 보험료를 계산해 보니 받을 수 있는 보험금과 크게 차이가 나지 않았다. 이런 경우라면 불확실한 확률을 위해 지출하는 논이 너무 크기 때문에 의료비를 목적으로 저축을 하는 것이 낫다. 보험으로 혜택을 보려면 납입하는 돈보다 많은 보험금을 받을 가능성이 있어야 의미가 있다. 그래야 경제적으로 도움이 된다.

젊은 사람들의 경우, 상대적으로 보험료가 저렴하기 때문에 적은 돈을 내고 많은 보험금을 받을 가능성이 있지만 노인은 많은 보험금을 내고 납입한 돈보다 조금 많은 보험금을 받게 된다면 차라리 의료비가 발생할 경우를 대비하여 저축이 낫다고 생각한다. 어디까지나 내 개인 생각이며, 그래도 보험이 낫다고 생각하는 이들이 있을 수 있다.

장모님의 예상보험료와 보험금 수령 확률에 관해 이야기를 나눈 후 보험가입의뢰에 대해 다시 생각해 보라며 돌려보냈다.

☑**POINT** _____

총납입보험료와 보험금 수령 시의 금액을 비교해 보자. 만약 큰 차이가 안 난다면 의료비 목적으로 납입하려 했던 보험금만큼 저축하는 것이 낫다.

의료비 목적으로 돈을 모아놓았다가 질병이 발생 안 하면 그 돈들은 남아 있다. 반대로 기대되는 보험금은 낮아도 보험에 가입하여 보험료를 납입했는데 질병이 발생 안 하면 그 돈들은 사라지는 돈이 된다.

후회,
아무리 빨라도
느리다

'재는 넘을수록 험하고
내는 건널수록 깊다'의 교훈

연금 가입 돈 나갈 거 다 나가고 나중에 하는 게 낫지 않을까요?

(31/김보라/연구원/여자/은퇴준비)

연금이 필요하다는 사실은 누구나 알고 있다. 하지만 알고 있을 뿐이다. 지금 당장 급한 일이 아니기에 우선순위에서 항상 밀려난다. 사람들은 나의 노후에 대비하기 위해 연금을 준비하는 것보다 당장 조금 더 좋은 집에 살고 싶고, 좋은 차를 사고 싶고, 이번 휴가를 좀 더 좋은 곳으로 가는 게 중요하다.

미래의 내 식비를 위해 저축하는 것보다 지금 당장 좀 더 맛있는 식사를 먹기 위해 쓰고 싶어 한다. '이정도 쯤은 고생한 나를 위해 괜찮겠지'라거나 '이거 좀 더 아낀다고 뭐 달라지겠어?'라고 생각한다.

하지만 그렇게 '조금 더, 이것만 더'가 30년이 모이면 집 한 채 규모가 될 수도 있고 늙고 힘없는 나의 은퇴 후 생활비가 될 수도 있다.

"연금이 중요한 건 알아요. 저도 노후대비해야죠. 나중에 폐지 주우러 다닐 수는 없잖아요. 그런데 지금 돈 나갈 데가 너무 많아요. 노후야 나중일이고 제가 그때까지 살아 있을지도 모르죠. 혹시 노인이 되기 전에 죽을 수도 있는걸요.

*지금 월급 받은 돈으로 지출해야 할게 너무 많아서 좀 나중
에 여유가 생기면 생각하려고요. 연금가입은 돈 나갈 거 다 나가
고 나서 나중에 하는 게 낫지 않을까요? 연금 가입한다고 한 달
에 몇십 만원씩 내면 그만큼 지금 다른데 못쓰잖아요."*

과연 시간이 지난 후에 여유가 더 생길까? 분명 시간이 흐른 뒤에도
역시 돈 나갈 데가 많다고 느낄 것이다. 즉, 우리는 언제나 돈 쓸데가 많다.
  김보라 님은 31세이기에 아직은 돈이 필요한 곳이 많다고 하였지만
40대가 되면 더욱 여유가 없고 50대 중반이 되기까지 지출할 곳은 계속
생길 것이다. 그러다 여유가 생겼다고 느끼는 50대 중반이 되어 노후준
비를 시작하려면 몇 년 만에 준비해야 한다.
  만약 그 시기가 55세라면 60세부터 적어도 30년 이상 쓸 돈을 단 5년
만에 모아야 한다. 60세부터 90세까지 살게 된다면 월 100만원씩만 쓴
다고 가정하여도 3억 6,000만원이 필요하고 이 돈을 단 5년 만에 준비
해야 한다. 현실적으로 매우 어렵다.

  실제로 현재 대한민국의 50대들이 그런 상황에 놓여 있고 많은 사람
이 노후준비를 무리하게 단기간 안에 하려고 자영업에 뛰어들거나 불법
다단계와 같은 일에 휘말리고 있다.
  많은 사람과 상담을 해왔지만 여유가 있어서 노후준비를 시작한 사
람은 극히 드물다. 대부분 현재도 빠듯하지만 나중을 위해 그만큼 참는
것이다. 소득이 있는 지금은 단순히 현재의 즐거움을 약간 포기해야 하
는 수준이지만 노후에 소득이 없다면 즐거움이 아닌 괴로움으로 가득
차게 될 것이다.

조금이라도 일찍 노후를 준비해야 하는 이유는 또 있다. 일찍 시작할수록 적은 돈으로 준비할 수 있다. 노후는 대단히 많은 돈이 필요하다. 조금이라도 더 적은 돈으로 준비하려면 시간을 길게 하는 것이 방법이다. 수익률은 우리가 선택할 수 없지만 준비 시간은 길게 선택할 수 있다.

다음의 예시를 본다면 이해할 수 있다.

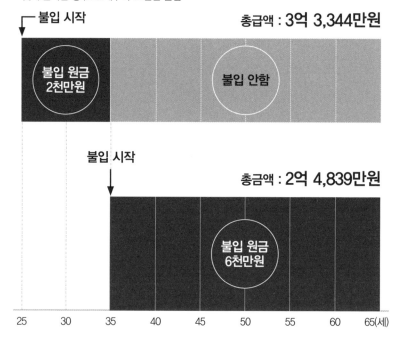

· 연이율 8%, 매년 200만원 불입 가정 ·

· 일찍 준비한 경우: 초기 10년간만 불입
· 늦게 준비한 경우: 35세부터 30년간 불입

총급액 : **3억 3,344만원**

불입 시작

불입 원금
2천만원

불입 안함

불입 시작

총급액 : **2억 4,839만원**

불입 원금
6천만원

25   30   35   40   45   50   55   60   65(세)

25세에 노후준비를 시작하여 10년간 2,000만원의 원금을 납입한 "나신입 사원"과 결혼과 내 집 구입 이후 노후준비를 시작한 "동고집 대리"의 비교다. 동고집 대리는 나신입 사원보다 시작이 늦었기 때문에

10년이 아닌 30년간 총 원금 6,000만원을 납입하였다.

두 사람의 원금은 세 배나 차이난다. 그럼에도 나신입 사원이 결과적으로 동고집 대리보다 8,500만원이나 더 많이 준비할 수 있었다. 동고집 대리는 나신입 사원보다 4,000만원이나 많은 원금을 납입했음에도 오히려 그 두 배 만큼 적은 돈을 모을 수 있었다.

무언가 좀 이상하다 느껴질 수 있지만 정답은 간단하다. 바로 나신입 사원은 시간에 투자했기 때문이다. 만일 지금 당신이 눈앞의 급하다고 여겨지는 곳에 10만원을 사용하지 않고 미래를 위해 주식형 펀드에 투자한다면(연 8% 수익 가정) 30년 뒤 100만원이 되어 있을 것이다. 아직도 뒤로 미루겠는가?

주변의 많은 어르신이 연금 받는 또래를 매우 부러워한다. 좋은 직업 때문이라고 말하기도 한다. 하지만 젊은 시절에 덜 즐기고, 덜 쓰고, 덜 먹은 돈으로 강제 저축했기 때문에 연금을 받는다. 내 손에 월급이 들어오기도 전에 일부분을 연금으로 넣었기 때문에 받은 급여 내에서 생활했다. 오래전 개인연금이 없던 시절, 공무원들은 연금에 납입했고 지금 그 연금으로 주변 사람들의 부러움을 사고 있다.

☑ **POINT**

"재는 넘을수록 험하고 내는 건널수록 깊다"라는 말이 있다. 소득이 있는 지금도 지출 때문에 고민이 많은데 소득이 없는 노후는 얼마나 힘들까?

65

미래의 내가 젊은 나에게
보내는 메시지

 간단하게 노후자금을 계산하는 법 있나요? 너무 복잡해요.

(35/박연지/주부/여자/은퇴준비)

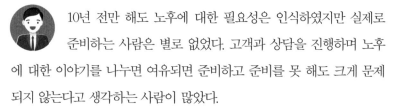 10년 전만 해도 노후에 대한 필요성은 인식하였지만 실제로 준비하는 사람은 별로 없었다. 고객과 상담을 진행하며 노후에 대한 이야기를 나누면 여유되면 준비하고 준비를 못 해도 크게 문제되지 않는다고 생각하는 사람이 많았다.

한국사회는 이미 초고령사회다. 준비되지 않은 노후는 재앙이다. 게다가 주변에서 90세 이상의 집안 어른을 쉽게 볼 수 있다. 그래서인지 최근에는 노후자금 준비에 대한 상담요청이 많이 늘고 있다.

"요즘 드라마나 티비에서 노후에 대해 많이 나와서 자주 보게 되거든요. 은퇴하고 나서 재미 삼아 일하는 분들도 계시지만 이렇게 오래 살게 될 줄 모르고 노후준비를 전혀 못 한 우리 부모님 세대들은 대부분 생계를 위해 일하시는 것 같아요.

그나마 건강할 때는 소일거리라도 할 수 있지만 좀 더 나이가 들면 가족들에게 의지할 수밖에 없는 경우가 많더라고요. 요즘 60대는 노인도 아니라고 하잖아요. 경비원 자리 하나 구하기도

 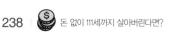

그렇게 쉽지 않대요.

　노후준비를 좀 잘해놓으면 좋을 텐데 뉴스나 TV프로그램에서 몇 억이 필요하다 하는데 사실 와 닿지 않아요. 그거 다 부자들 이야기 아닌가 싶기도 하고. 10억 이상이라고 그러는 곳도 많던데 정말 그렇게까지 필요한지 모르겠고, 그건 다 남의 이야기 같아요.

　전문적으로 상담받으면 좋겠지만 제 상황이 변화될 때마다 매번 그렇게 할 수는 없어요. 좀 간단하게 노후자금이 얼마나 필요한지 계산하는 방법 있나요? 너무 복잡해요. 쉽게 할 방법 있으면 알려주세요."

· 65세 이상 고령자가 현재 일하는 이유 ·

(단위: %)

● 생활비 마련
● 용돈 마련
● 건강 유지
● 친교/사교
● 시간 보내기
● 능력 발휘
● 경력 활동
● 기타

8.6
3.1 0.4 3.6 3.0 1.8 0.2

79.3

65세 이상 고령자 중
생활비 때문에 일하는
고령자 "79.3%"

* 출처: 『2014년도 노인 실태조사』, 한국보건사회연구원(2014)

· 여성노인의 주요 노후생활비 마련 방법 ·

(단위: %)

여자 기대수명
85세

자녀 및 친척의 생활비/용돈	정부보조금	국민연금	일반 적금/예금	기타 공적연금	근로 활동
32	15.9	11.2	9.9	9.8	7.5

* 출처: 국민연금공단(2011)

재무설계사들이 사용하는 방법은 재무계산기를 활용해 전문적인 계산을 하는 것인데 일반인들이 따라 하기는 어렵다. 하지만 쉽게 할 방법도 있다. 세 가지를 가정해 본다. 실제 본인의 경우를 대입하여 하는 쉬운 계산법이다.

1. 30세부터 60세까지 경제활동을 하고 은퇴한 후 90세까지 생존한다.
2. 국민연금, 퇴직연금, 주택연금을 예상한다(국민연금 50만원, 퇴직연금 50만원 가정).
3. 60세 이후 생활비를 가정한다(현재 화폐가치, 수도권 부부 기준 월 200만원으로 계산).

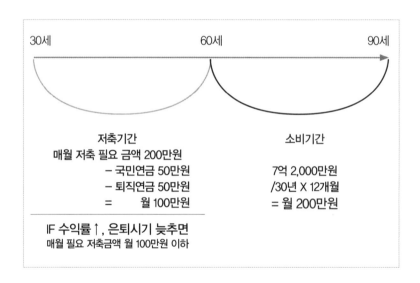

계산할 때 주의할 점은 투자수익률이나 물가상승률이 같기 때문에 별도로 계산하지 않고 현재 기준의 화폐가치로 생각한다는 것이다.

먼저 내가 경제활동을 못하는 소비기간 동안의 총 필요금액을 계산한다. 30년간 월 200만원이므로 총 7억 2,000만원이다. 그런데 국민연금과 퇴직연금으로 100만원을 받을 수 있으니 나는 절반만 준비하면 된다.

만약 지금 내가 60세의 노인이고 3억 6,000만원이 들어 있는 예금 통장을 갖고 있다면 최소한의 생계는 해결되는 것이다. 물론 여기서 3억 6,000만원은 부동산이나 자동차처럼 비현금성 자산이 아니라 내가 현금으로 사용할 수 있는 돈이어야 한다.

미래시점이라면 화폐가치가 달라지겠지만 간편 계산에서는 현재 기준으로 보기가 쉽다. 전문가들의 계산법에서는 물가상승률과 투자수익률 등 다양한 계산이 복합적으로 이루어져 미래시점 기준으로 결과가 나오기에 필요금액 숫자가 더욱 커지는 것이다.

나에게 필요한 3억 6,000만원을 준비하려면(현재 내가 30세라면) 원금 기준으로 봤을 때 지금부터 월 100만원씩 30년을 준비해야 노후가 준비되는 것이다. 그러나 20만원, 30만원으로 준비하고 있다면 500%, 300% 수익률을 달성해야 준비가 되는 것인데 현실적이지 못하다. 그래서 투자 수익률만 믿지 말고 원금 기준으로 판단하여 준비해야 한다.

전문가에게 상담받지 않더라도 전문적인 계산을 쉽게 할 방법을 하나 더 소개한다(단, 나에게 맞는 맞춤 계산까지는 쉽지 않다). 바로 금융감독원의 통합연금포털이다. 정밀한 계산은 안 되지만 현재 내가 가입된 상품으로 어느 정도까지 준비가 되고 내가 얼마를 더 준비해야 하며 통계를 반영한 노후 생활비가 얼마나 필요할지 등의 다양한 기능이 탑재되어 있다.

게다가 개인적으로 가입한 상품까지 함께 계산해 주니 편리하다. 다만 아쉬운 점은 시스템에서 파악하지 못하거나 정확한 내 정보가 탑재되어 있지 않아 잘못된 결과가 나오기도 한다. 하지만 무료인 점을 고려

한다면 만족도는 매우 높은 편이다.

만약 좀 더 전문적이고 정확한 나만을 위한 노후자금계산(현재 준비된 부분을 포함하여)을 원한다면 재무계산기를 다룰 수 있는 전문가를 찾아 상담을 받아보길 권한다. 상담비용은 생각보다 저렴한 편이라 부담 없이 받을 수 있다.

☑**POINT** _____

젊은 나의 저축통장은 늙고 힘든 나에게 주는 월급이다. 많은 사람이 노후준비로 저축하는 돈을 지금 당장 쓰지 못해 아깝다고 생각한다. 하지만 늙고 힘든 나는 젊은 나에게 메시지를 보낼 것이다.

'경제활동이 가능한 시기에 아끼고 모으지 않으면 경제활동이 중단되었을 때 비참한 삶을 살 수밖에 없다. 젊은 시절처럼 먹고 싶은 것, 사고 싶은 것, 하고 싶은 것은 꿈도 꾸지 못하고 하루하루를 버티는 삶을 살아야 한다.'

라는 간절한 메시지를.

나라도 못하는
가난구제를 하는 3가지 방법

현재 국민연금 납입 중인데 개인연금도 필요할까요?

(37/윤성미/주부/여자/은퇴준비)

국민연금에 대해서는 많은 의견이 있다. 좋다/나쁘다를 떠나
국가제도이기 때문에 미래에 어떻게 될지 확정적으로 이야기
하는 것은 위험하다고 생각한다.

일반 직장인의 경우 국민연금 납입에 대한 선택권이 없다. 그리고 아
직까진 국민연금에 대해 긍정적으로 바라보며 내 노후를 의지하려는 생
각을 하는 사람이 더 많다.

> "방송을 보니 개인연금 준비가 필수라고 하더라고요. 그런데
> 저희는 남편이 회사에서 국민연금에 계속 납입하고 있고 앞으로
> 도 직장생활 계속할 계획이라 은퇴 전까진 국민연금에 계속 납입
> 하게 될 거예요.
> 국가에서 노후를 보장해 준다는데 군이 제가 다른 준비를 해
> 야 할까요? 현재 국민연금 납입 중인데 개인연금도 필요할까요?
> 저는 국가를 믿습니다. 국가는 분명히 저의 노후를 책임져 줄 거
> 예요."

필요 생활비에 대한 기준은 사람마다 다르다. 현재 설문 통계(2017 KB골든라이프 보고서)에 따르면 65세 부부의 적정생활비는 251만원이며 최소생활비는 177만원라고 한다.

그러나 국민연금에서는 최소생활비를 보장하지는 않는다. 아마도 최소생활의 일부만을 대신 할 수 있을 것이다. 국민연금 이외의 별도로 준비된 노후를 위한 자산이 있다면 모를까, 그렇지 않다면 다른 방법으로 노후준비를 해야 한다.

국민연금공단에서는 예상 연금액을 조회해 볼 수 있다. 나의 노후 생활비가 국민연금만으로 충분한지 아닌지는 간단한 조회만으로도 판단해 볼 수 있다. 좀 더 풍요로운 나의 미래를 원한다면 개인적인 준비가 필요하다.

☑ POINT

"가난구제는 나라도 못 한다."라는 말이 있다. 정말 국가에서 연금제도를 통해 나의 노후를 책임질 만큼 충분한 보장을 해 줄 수도 있다. 그런데 국가만 믿고 노후를 맞이했는데 국가가 책임져줄 수 없다면 어떻게 할 것인가?

이미 국가는 은퇴 후의 삶을 보장하기 위해서는 3층 보장제도가 필요하다고 말하고 있다. 3층 보장제도란 '최소한의 기초생활을 위해서는 국민연금 + 기본적인 생활을 위해서 퇴직연금 + 여유 있는 생활을 할 수 있는 개인연금'이다.

67 20대-20%/30대-30%/ 40대-40%/50대-50%의 의미는?

 연금은 얼마를 가입(월납입 금액)해야 하나요?

(38/백재성/사업가/남자/은퇴준비)

 노후준비는 누구에게나 찾아오는 숙제다. 이 숙제는 할 수 있을 때 하지 않고 미루면 큰 후회를 할 수도 있다. 미리 준비하는 데 동의한다면 얼마를 준비할 것인가?

"이제 곧 40대에 접어들어요. 돈 들어갈 곳도 많고요. 미래를 위해 저축을 해야 하는데 비율을 어떻게 나눠야 할지 모르겠어요. 어차피 집 대출금은 납입하는 돈이 정해져 있으니 그대로 하고, 제가 매월 저축 가능한 금액들로 앞으로 해야 할 것들에 맞춰서 분산 저축하려고 하거든요.

그런데 다른 것들은 쉽게 정하겠는데 노후준비를 위해서는 어느 정도를 해야 할지 모르겠어요. 저는 노후준비를 1순위로 할 거예요. 그렇다면 현재 제가 매월 저축할 돈 중에서 연금은 얼마를 가입(월납입 금액)해야 하나요?"

만약 100만원이 있다면 다른 재무목표가 있는 상태에서 몇 %를 장

기투자인 노후대비를 위해 준비하는 것이 좋을까? 일단 전체 중 장기투자는 30%가 넘어가면 단기나 중기 목표에 영향을 줄 확률이 높다. 그만큼 단기나 중기 목표를 위한 자금을 덜 모을 수밖에 없기 때문이다.

다른 장기목표가 없다는 전제라면 노후대비용으로는 20대-20%/30대-30%/40대-40%/50대-50% 이상을 권장한다. 물론 세부적인 계산은 해봐야겠지만 아직 노후가 멀게 느껴지는 20~40대도 저축금액에서 일정 비율은 반드시 미래를 위해 저축하자.

☑️ **POINT** _____

"돈에 침 뱉는 놈은 없다."라는 말이 있다. 그만큼 저축은 많이 할수록 좋다. 하지만 현재도 중요하다. 미혼이라면 소득에서 50% 이상, 기혼이라면 40% 이상은 저축을 하길 바란다. 그중 나이만큼의 비율로 노후대비를 위해 저축하자. 예를 들어, 38세라면 저축 가능한 100만원 중 적어도 30% 이상은 노후대비를 위한 몫이다.

노후대비의 다양한 방법 중 연금은 가장 기초공사이자 가장 마지막까지 나를 지켜줄 수 있는 최후의 성벽이다. 그 성벽을 튼튼히 하자.

부동산 월세와 연금
어느 것이 효자일까?

노후자금 부동산 월세가 더 좋은 거 아닌가요?

(31/문혜원/회사원/여자/은퇴준비)

노후를 준비하는 방법은 여러 가지가 있다. 펀드와 같은 금융투자자산, 안전성이 좋은 은행의 예금자산, 그리고 가장 큰 기대와 사랑을 받는 부동산이 있다. 노후준비로 월세를 받는 부동산은 너무나 매력적으로 보인다.

"꼭 연금으로만 노후준비를 해야 하나요? 연금은 중간에 혹시 내가 다른 곳에 돈을 쓰려고 해도 그럴 수가 없어서 좀 별로인 것 같아요. 목돈을 쓰려 할 수도 있는데 말이죠. 그리고 투자 수익도 별로인 것 같고요.

생활비만큼 월세 받으면 노후는 그걸로 걱정 없겠죠. 그러니 노후자금은 연금보다 부동산 월세가 더 좋은 거 아닌가요? 저는 연금 가입할 돈 모아서 부동산 살래요. 게다가 부동산은 월세를 받다가 매매차익까지도 기대할 수 있으니 좋은 것 같아요."

어느 정도의 부동산을 매입해야 노후가 준비될까? 그만큼의 돈은

잘 모을 수 있을까? 중간에 다른 곳에 쓰거나 어쩌면 내 집 하나 마련하기도 벅차지는 않을까?

물론 부동산은 노후를 대비하는 좋은 방법이다. 그러나 문제는 너무나도 막연하게 기대하는 것이다. 내게 필요한 생활비를 월세로 받으려면 어느 정도 규모의 부동산을 소유해야 할지, 해당 부동산을 보유하게 된다면 받은 월세로 세금과 관리 비용과 노력은 얼마나 들어가야 하는지에 대해서는 생각하지 않는다. 질문자의 생각과는 달리 최근 부동산을 정리하고 연금으로 전환하는 사례가 늘어나고 있다. 왜일까?

노후를 만나보지 못한 젊은이들은 부동산으로 노후를 준비하는 것이 최고라 생각하지만 정작 노후를 겪고 있는 이들은 부동산을 정리하고 싶어 한다. 매월 들어오는 월세에서 비용을 제외해야 실제로 내가 사용할 수 있는 생활비가 된다. 그래서 생활비 규모보다 더 많은 월세를 받아야 한다.

또한 월세는 그냥 들어오지 않는다. '노력'이 필요하다. 좋은 부동산을 골라야 하고 시간이 흐름에 따라 변하는 시장 상황에 맞춰 매매도 하고, 세입자도 구해야 하며, 세금이나 리모델링, 수리 등의 문제도 신경 써야 한다. 사두기만 하면 가만히 앉아 돈을 받는다고 기대하는 건 부동산을 소유하지 않은 사람들의 막연한 상상이다.

그렇다 보니 가입 이후 가만히 있어도 매월 발생하는 연금을 선호하는 사람이 많아지고 있다. 또한 부동산보다 연금은 안전하다. 투자에 대한 안정성이 아니라 주위로부터 안전하다. 10억을 투자하여 매월 500만원을 받는 연금과 10억으로 매입한 부동산이 있다고 가정해 보자. 연금은 사기를 당해도 이번 달 500만원이 끝이다. 한 달만 기다리면 다시 돈이 들어오기 때문에 걱정 없다. 자녀들이 도와달라고 손을 벌려도 한 번이 아니라 매월 도와줘야 한다. 그래서 오래 대접받을 수 있다. 심지어 자녀들이 건강까지 걱정할 것이다. 부모님이 오래 생존해야 계속 도와줄 수 있기 때문이다.

부동산이라면 사기로 한번에 전부 잃을 수도 있고, 자녀들이 도와달라고 한다면 담보로 대출을 받거나 팔아서 도와주는 사례도 매우 많다. 부모님이 병으로 병원에 오래 계신다면 어쩌면 병원비를 계속 쓰는 것보다 부동산을 상속받기 위해 차라리 빨리 돌아가시기를 바랄지도 모른다.

연금만이 노후를 준비하는 정답은 아니다. 연금과 부동산을 함께 준비하기를 권한다. 투자할 때도 분산투자가 좋다. 노후준비도 마찬가지다. 10억원이 있다면 부동산과 연금을 같이 준비하자. 만약 돈이 부족하면 부동산이 아니라 최후의 보루로 사용할 수 있는 연금부터 준비하자. 부동산은 당신을 못 지켜줄지도 모르지만 연금은 당신을 지켜줄 수 있다.

☑ POINT _____

"꿀은 적어도 약과만 달면 좋다."라는 속담이 있다. 어쩌면 부동산은 연금보다 수익률 면에서 뛰어날지도 모른다. 하지만 관리나 노력이 필요하다. 노력이 필요 없는 연금은 꿀(부동산)보다 덜 달지만 많이 먹을 수 있는 약과와 같다.

주머니조차 만들지 않으면 행복의 기회는 없다

월급이 올랐는데 연금보험 추가납입 vs 추가가입 어느 것이 나은가요? (32/함수진/회사원/여자/은퇴준비)

과거와 달리 노후대비를 스스로 준비하고자 하는 젊은 층이 늘어나고 있다. 아마도 폐지 줍는 노인들을 쉽게 볼 수 있고 어두운 뉴스를 자주 접해서 일지도 모른다.

10년 전만 해도 상담에서 노후준비의 필요성에 대해 많이 강조했는데 요즘은 먼저 노후준비를 시작하겠다며 상품을 추천받고 싶다는 연락이 많이 온다. 그리고 급여가 올라 여력이 생기면 먼저 추가 저축을 하겠다고 문의를 한다.

"저는 좋은 집을 사기 위해 대출 잔뜩 받아서 집 사며 허덕이는 것보다 집을 조금 포기하고 연금을 많이 받고 싶어요. 요즘 주변에 보면 아직 그 대출 갚지 못해 자녀들에게 생활비를 도움받는 가정을 많이 봐요. 친구 중에도 월급을 받아 부모님 생활비 보태드리느라 결혼은 꿈도 못 꾸는 경우도 많고요. 그 부모님들도 열심히 살아오셨는데 집에만 매달리다 결국 자녀들한테 손 벌리는 신세가 되었고, 이제는 젊을 때처럼 활발히 경제활동은 못

하시더라고요.

저는 그러기 싫어요. 그래서 저축 계획을 세울 때 연금에 집중하고 싶어요. 저에게 가장 중요한 재무목표에요. 이번에 월급이 올랐는데 가입한 연금보험 추가납입이 좋을까요? 하나 더 가입하는 게 좋을까요? 인터넷 검색해 보니 다들 말이 달라서 어떤 게 좋을지 모르겠어요."

가입한 연금상품의 계약금액은 연금재원을 마련하기 위한 주머니라고 생각해야 한다. 현재 가입 가능한 연금상품은 납입금액의 200%까지 추가납입이 되며 추가 납입한 보험료는 사업비가 없거나 적기 때문에 추가납입하면 전체 수익률이 높아 보이는 효과가 있다. 그렇다면 미리 추가납입하는 것이 좋을까? 아니면 하나 더 가입하여 주머니를 더 만드는 것이 좋을까?

정답은 없다. 장단점이 있을 뿐이다. 32세의 월 30만원 × 20년납을 가입한 예로 살펴보겠다. 20년간 총납입액은 7,200만원이며 1억 4,400만원은 납입기간인 20년 이내에 추가납입할 수 있다. 첫 번째 경우는 매월 60만원의 추가납입을 통해 미리 주머니를 전부 다 채우는 경우이다. 두 번째 경우는 추가납입을 하지 않고 새로 상품에 가입하여 주머니를 더 늘리는 것이다. 즉, 20년 안에 4억 3,200만원의 추가납입이 가능하게 주머니를 만들었다.

그렇다면 4억 3,200만원의 추가납입 주머니가 과연 쓸모가 있을지가 중요하다. 연금의 수령액은 연금개시시점의 총 적립액을 상품 계약 당시의 연금생존사망률에 따라 나눈다. 이것을 경험생명표를 적용한다고 표

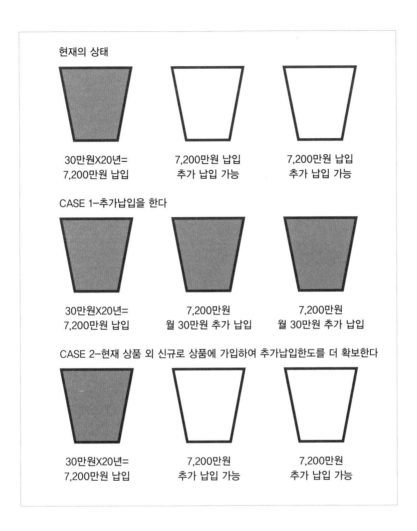

현재의 상태

30만원X20년=
7,200만원 납입

7,200만원 납입
추가 납입 가능

7,200만원 납입
추가 납입 가능

CASE 1-추가납입을 한다

30만원X20년=
7,200만원 납입

7,200만원
월 30만원 추가 납입

7,200만원
월 30만원 추가 납입

CASE 2-현재 상품 외 신규로 상품에 가입하여 추가납입한도를 더 확보한다

30만원X20년=
7,200만원 납입

7,200만원
추가 납입 가능

7,200만원
추가 납입 가능

현하기도 한다.

　예를 들어, 총 적립금이 3억원이고 연금생존사망률이 90세라고 가정한다면 연금개시시점의 나이가 60세 일 때 60세부터 90세까지 약 30년간 연금을 받게 되고 다른 수치를 무시한다면 매년 1,000만원씩 받는다. 그런데 연금생존사망률이 100세라면 40년간 연금을 받는다고 계산하기 때문에 연금 수령액은 750만원으로 줄어든다. 연금생존사망률은 연금

에 일찍 가입한 사람일수록 수령기간이 짧게 계산된다.

$$\frac{\text{총적립액}}{\text{연금생존사망률}} \Rightarrow \frac{30,000}{90-60=30} = 1,000만원 \quad \bigg| \quad \frac{30,000}{100-60=40} = 750만원$$

그리고 연금개시시점 당시의 총 적립액이 많으면 많을수록 연금액은 커지게 되는 것이다. 종신형 연금 수령을 선택하게 되면 한번 정해진 연금은 사망 시까지 지급된다. 즉, 오래 살수록 많은 연금을 받게 된다.

만약 정액형 종신연금을 선택한 사람이 60세에 1년에 1,000만원의 연금을 지급 받게 된다고 가정한다면 100세이거나 110세여도 계속해서 생존기간 내내 1,000만원의 연금을 지급해야 한다. 그래서 연금개시 전 총 적립액이 많아야 한다.

다시 돌아가서 CASE-1 과 2를 비교한다면 연금납입액은 동일하지만 연금개시를 가능하게 하는 주머니의 크기가 다르다. CASE-2는 20년 안에 추가납입을 더 할 수 있게 주머니 여력을 만들어 놓는 것이다.

그러면 여기서 두 가지 의문점이 생긴다.

질문 하나: 일단 주머니부터 다 채우고 세월이 흘러서 여유가 되면 그때 새로 가입하여 주머니를 만드는 것이 낫지 않을까?

답변: 만일 미래에 연금에 더 납입하기 위해 새로 주머니를 만든다면 연금생존사망률은 미래시점을 적용받게 된다. 동일한 금액을 납입했을 때 미래시점의 연금생존사망률을 적용받기 때문에 연금 수령액이 적어진다.

질문 둘: CASE-2에서 만들어놓은 주머니에 추가납입이 가능할까?

답변: 개인의 상황에 따라 달라서 모른다. 하지만 일반적으로 연금을 많이 받고 싶어 하므로 다른 재테크 수단이나 소득상승에 따라 20년 안에 추가납입이 가능할 확률은 매우 높다. 게다가 물가상승률까지 고려한다면 체감하는 돈의 화폐가치는 줄어든다. 4억 3,200만원을 기준으로 할 때 매년 물가상승률이 2%라면 현재의 약 2억 9,000만원과 동일한 가치를 지닌다.

만약 이후에 경제활동을 하며 목돈의 보너스를 받게 되거나 다른 투자로 인해 납입 여력이 생긴다면 그때 당시에 새로 상품에 가입하는 것보다 CASE-2처럼 과거의 기준을 적용받는 상품에 추가납입을 하는 것이 좋다. 그러나 이후에 주머니를 채울 자신이 없다면 미리 채우는 것이 좋다. 자신의 미래 경제 상황을 예측해 보고 결정해 보길 바란다.

다만, 권유하고 싶은 것은 주머니를 좀 더 크게 만들어 놓는다면 추후 선택이라도 가능하지만 주머니조차 만들지 않는다면 선택권이 없다. 이 선택권을 만드는 기회비용은 지금 몇 년 안에 보이는 단순 적립금 수익률의 차액이 아니라 보험회사에 지급하는 연금보험의 사업비다.

☑ POINT

추가납입하는 게 나을지 새로 가입하는 게 나을지는 정답이 정해져 있지 않다. 나의 미래 경제상황에 따라 달라질 수 있기 때문이다. 미래의 내가 소득상황이 나아지고 다른 재테크로 인해 자산이 늘어난다면 추가로 상품을 더 가입하는 것이 좋고 그럴 자신이 없다면 지금 추가납입이라도 해놓자. 하지만 연금을 더욱 많이 받고 싶다면 약간의 기회비용(사업비)을 지급하더라도 가능성을 열어놓자.

늙고 병든 몸은
눈먼 새도 앉지 않는다

연금보험해지하고 그 돈으로 대출 갚는 게 낫지 않나요?

(34/허우준/회사원/남자/은퇴준비)

연금보험과 대출 사이에서 고민하는 고객도 많다. 처음 연금에 가입할 당시에는 생각을 못 했지만 결혼하고, 소비생활 때문에 신용대출이나 차량 할부가 생기면서 대출이 생긴 것이다. 그러다 매월 월급을 받고 난 후 대출금이 빠지고 나면 손에 남는 돈이 적어진다.

이럴 때마다 당장 사용하지도 않을 연금보험은 미움의 대상이 된다. 연금보험을 군이 유지할 필요가 있을까? 라며 소비습관을 개선하기보다는 깰 수 있는 돈주머니부터 찾는다.

"이번에 결혼하면서 아파트를 구입했어요. 그런데 대출을 최대한 받다 보니 매월 상환해야 할 금액이 점점 부담되더라고요. 처음 몇 달은 보너스 받은 걸로 잘 버텼는데 이제 카드값 내고 나니 대출상환금 내는 게 너무 힘들어요.

그래서 고민해 봤는데요. 차 구입할 때 사용하기로 한 펀드는 그냥 두고 연금부터 해지하려고요. 연금이야 저한테 당장 필요한 것도 아니고 노후준비야 나중에 천천히 해도 된다고 생각해요.

지금 저한텐 부동산 대출 빨리 갚는 것과 이제 태어날 아기한테 들어가는 돈들이 더 중요해요.

이번에 차도 외제차로 바꿔야 해요. 태어날 아기가 탈 차인데 좋은 차 태워줘야죠. 그러니 차라리 연금보험해지하고 그 돈으로 대출 갚는 게 낫지 않나요? 그러면 그만큼 이자도 덜 내고 대출 상환시기도 당겨지리라 생각해요."

조금 표현을 바꾸겠다. '연금보험'이 아니라 '노후준비'라고 해야 한다. 상품에 대한 문제가 아니라 먼 이야기라 생각되는 노후준비를 굳이 해야 하나 싶은 것이다.

눈앞에는 지금 해결해야 할 일들이 항상 있다. 그리고 그 문제들에 집중하다 보면 어느새 눈앞에 노후가 닥친다. 그리고 대출을 겨우 다 갚아가는 아파트 한 채와 자녀의 대학교육비나 자녀결혼을 눈앞에 둔 시기가 된다.

당장 결과를 바로 보이는 문제들에 집중하다 보니 정작 준비 시간이 오래 걸리는 중요한 문제를 놓치게 된다. 매월 소비하는 돈들이 중요하다고 느껴지지만 사실 조금 덜 쓰고 더 저축해도 큰 지장은 없다. 하고 싶은 것과 먹고 싶은 것을 그만큼 못 할 뿐이다.

그런데 노후는 피할 수 없는 문제다. 내가 싫다고 해서 찾아오지 않는 재무적 이벤트가 아니다. 생존하면 반드시 찾아온다. 연금보험을 해지하여 대출을 갚는다면 줄어드는 이자가 과연 얼마가 될까?

대신 그만큼의 투자수익도 사라지는 것이다. 일부 대출을 갚을 뿐이지만 결국 노후준비는 다시 시작해야 한다. 뒤로 미룰수록 단기간에 준비해야 한다. 사실 대출이자를 줄인 돈의 크기보다 시간을 뒤로 미뤄 매월 저축해야 할 돈의 규모가 훨씬 크다. 이미 노후에 사용할 돈의 규모가 정해져 있으니 기간이 짧을수록 부담의 크기만 커지는 것이다.

예를 들어 노후에 필요한 돈이 3억 6,000만원(매월 100만원씩 30년 생활비)이라고 하자. 질문자가 준비를 시작했던 26세라면 매월 88만원, 35세는 120만원, 45세는 200만원, 55세라면 600만원을 준비해야 한다. 노후준비는 살아 있는 한 피할 수 없는 반드시 만나게 되는 재무적 숙제이기 때문에 뒤로 미루면 미룰수록 어려워진다. 대출을 좀 더 빨리 갚거나 이자를 좀 덜 내는 것과는 문제의 무게가 전혀 다르다.

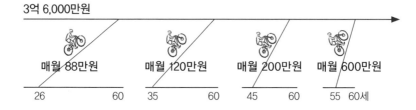

3억 6,000만원

매월 88만원 26 ─ 60
매월 120만원 35 ─ 60
매월 200만원 45 ─ 60
매월 600만원 55 60세

세액공제 연금저축과
연금상품의 차이는?

 세액공제가 되는 연금저축과 안 되는 연금상품 중 무엇이 더 좋은가요? **(34/김종민/회사원/남자/은퇴준비)**

 개인이 가입 가능한 연금상품의 종류는 크게 4가지로 구분된다. 세제혜택의 여부와 이자를 받는 공시이율형과 투자가 되는 펀드 방식이다.

세액공제를 받는 상품이 무조건 좋다고 여겨질 수 있다. 하지만 현재 세금혜택을 받는 대신 추후 연금을 수령할 때는 연금소득세를 내야 한다. 그래서 각 유형에 따른 장단점이 있다.

	공시이율(이자방식)	펀드(실적배당형)	세액공제	연금소득세
연금저축보험	○	✕	○	○
연금저축펀드	✕	○	○	○
연금보험	○	✕	✕	✕
변액연금보험	✕	○	✕	✕

"연말정산 하고 나니 공제되는 게 너무 없어서 이번에 연금저축 보험에 가입하려고 했어요. 그런데 상담해 준 보험설계사 말

이 나중에 연금소득세를 내야 하니 세액공제를 받는 게 오히려 손해라네요. 차라리 세제혜택 안 받고 비과세가 되는 연금보험상품이 더 좋다고 하더군요.

그런데 주변 선배들이나 지인들하고 이야기해 보니 오히려 반대로 말해요. 세액공제받는 게 훨씬 이익이고 세금은 나중 일인데 일단 돈 먼저 받는 게 나은 거 아니냐고요.

세액공제가 되는 연금저축과 안 되는 연금상품 중 무엇이 더 좋은가요? 아주 어렵네요."

세액공제는 정확하게 세금 내는 기한을 연장하는 효과가 있는 것이지 현재의 소득세를 완전히 면제해 준다고 보기는 어렵다. 지금 납입해야 할 세금에 혜택을 주는 대신 노후준비를 열심히 해서 나중에 세법에 맞는 세금을 내라는 의미다. 대부분은 세액공제를 받으면 공돈 생긴 기분이 들어 헤프게 쓰지만 나중에 갚아야 할 빚이나 다름없다.

(20)-1감면소득 계				(80)소득세	(81)지방소득세	이 (82)농어촌특별세
	구 분					
(74)결 정 세 액				102,764	10,276	0
기납부 세액	(75)종(전)근무지 (결정세액란의 세액을 적습니다)	사업자 등록 번호				
	(76)주(현)근무지			186,360	18,570	0
(77)납 부 특 례 세 액				0	0	0
(78)차 감 징 수 세 액 ((74)-(75)-(76)-(77))				-83,590	-8,290	0

일단 나에게 소득공제 되는 상품이 좋을지, 안 되는 상품이 좋을지를 살펴보려면 내 연말정산 원천징수영수증을 살펴봐야 한다. 결정세액에 내가 더 돌려받을 결정세액이 있다면 세제혜택이 있는 연금저축을 우선 고려할 만하다.

그러다 연금저축에 가입해 봤자 환급받을 수 있는 세금이 없는 경우도 있다. 결정세액이 이미 0원이라면 연금저축보다는 세액공제는 안 되지만 비과세가 되는 (변액)연금보험을 권유한다.

구 분			㉑ 소 득 세	㉒ 지방소득세	㉓ 농어촌특별세
Ⅲ 세액명세	㉔ 결 정 세 액		0	0	0
	기납부 세액	㉕ 종(전)근무지 (결정세액란의 세액 기재)	사업자 등록 번호			
		㉖ 주(현)근무지	976,560	97,580	0
	㉗ 납부특례세액		0	0	0
	㉘ 차 감 징 수 세 액(㉔-㉕-㉖-㉗)		-976,560	-97,580	0

위의 원천징수액(근로소득)을 정히 영수(지급)합니다.

연금저축의 경우 연간 400만원(IRP 개인퇴직연금 포함 700만원)까지 납입금액이 인정된다. 연간 400만원이라면 매월 약 33만원이다. 일반적인 경우 33만원만으로 노후대비는 부족한 금액이니 세액공제가 인정되는 한도까지 채워서 납입하고 초과하는 저축액은 소득공제가 안 되는 (변액)연금보험에 가입할 수 있다.

구분	연간 납입금액	세액공제율	세금절감 효과
총급여 5,500만원 초과 (종합소득 4,000만원 초과)	400만원 이상	13.2%	52만8천원(400만원 × 13.2%)
총급여 5,500만원 이하 (종합소득 4,000만원 이하)		16.5%	66만원(400만원 × 16.5%)

주의할 점은 환급받을 수 있는 금액이 66만원 이하라면(총급여 5,500만원 이하일 경우) 한도까지 납입하지 말고 금액에 맞춰서 하는 것도 좋다. 예를 들어, 내가 환급 가능한 금액이 40만원이라면 300만원을 납입하는 것이다(총급여 5,500만원 이하일 경우). 상반기까지는 소액으로 납입하다가 하반기에 한도를 채워 납입할지 말지 결정하여 납입하는 방법으로 납입금액을 자유롭게 조절할 수 있다.

퇴직연금 관심이 없으면 배가 산으로 간다

회사에서 퇴직연금상품 고르라는데 무엇이 좋을까요?

(35/이정환/회사원/남자/은퇴준비)

노후문제는 정부에서도 심각하게 인식하고 있다. 과거에는 정년까지 일하다 퇴직하면 퇴직금으로 사망할 때까지 생활할 수 있었다. 그러나 평균수명이 길어지면서 퇴직금만으로 노후 생활을 보장받을 수 없게 되었다. 근래에는 퇴직금을 중간 정산하는 경우가 많기 때문에 정년에 퇴직해도 받을 퇴직금이 없거나 매우 적다.

그래서 정부에서는 퇴직연금제도를 활성화하기 위해 노력하고 있다. 퇴직금을 중간 정산하지 말고 퇴직연금제도를 이용해 노후대비 방법으로 쓰게 함이다. 또 퇴직금을 회사 외부 금융기관에 예치함으로써 회사가 문을 닫게 되더라도 퇴직금을 못 받는 사태가 방지되는 효과도 있다.

우리나라의 퇴직연금 규모는 점점 커지고 있다. 그러나 아직까지 근로자들은 퇴직연금을 낯설어하고 있다.

"이번에 우리 회사에서 퇴직연금제도를 도입하게 되었어요. 그래서 여러 금융회사가 와서 설명회를 열었죠. 서로 유치하려고 경쟁 중이에요. 최종적으로 저희가 상품을 골라야 한다고 하던

데 사실 뭘 골라야 할지 모르겠어요. 회사에서 퇴직연금상품 고르라는데 무엇이 좋을까요?"

근로자에게 상품의 선택권이 있는 경우, 크게 두 가지로 나눌 수 있다. 예·적금 성격의 금리형과 투자가 되는 펀드형이 있다. 자산관리사의 성향에 따라 의견은 다를 수 있지만 내 경우 금리형은 추천하지 않는다. 퇴직으로 인해 중도해지할 경우에 약속한 이자를 못 받으며 잘 유지하여도 현새 금리로는 물가상승률을 따라가지 못하고 화폐가치가 하락하기 때문이다. 그래서 펀드형을 추천한다.

다만, 이 부분이 참 어렵다. 퇴직연금펀드는 한번 선택하고 그만이 아니라 지속해서 관리해 줘야 한다. 펀드 변경도 가능하다. 한 번의 추천으로 끝날 수 없다. 현재 유망한 펀드가 5년 뒤에는 매력이 없어 다른 펀드로 교체해야 하는 상황이 오기 때문이다. 그래서 상품 추천을 해달라고 하는 고객의 질문에 답변을 머뭇거리는 경우가 많다.

만약 본인이 지속적인 관심을 두고 펀드를 관리할 수 있는 성향이라면 여러 전문가의 의견을 반영하여 유망하다고 판단되는 펀드를 고르면 된다. 물론 시기에 따라 펀드는 교체될 수도 있다. 만약 꾸준한 관심을 두기 어려운 성향이라면 차라리 분산투자를 하자.

단, 주의할 점은 다양한 곳에 분산투자를 할 것을 추천한다. 한 국가(예: 한국에 투자되는 여러 펀드) 내에서의 분산이 아니라 글로벌 시장에서의 분산을 추천한다.

그런 판단마저도 어렵다면 퇴직연금 담당자나 설명회를 해 준 금융회사 직원에게 전 세계 다양한 곳에 분산되는 펀드를 추천해 달라고 하자. 아마도 흔쾌히 추천해 줄 것이다.

그것도 별로라면 유료로 안내되는 자문서비스를 받는 것도 좋다. 그리고 무엇보다 중요한 건 한번 추천을 받고 끝나는 것이 아니라 지속적인 관심을 주는 것이 좋다. 소중한 내 자산이기 때문이다.

☑ POINT

서울에서 출발하여 부산으로 가는 길이 한 가지만 있겠는가. 교통 상황에 따라 가는 길을 바꿀 수도 있다. 큰 사고로 인해 언제까지 정체될지 모르는 길이라면 다른 길로 돌아가는 것이 좋다.

그러나 관심을 두고 귀 기울이지 않으면 사고가 생긴 줄도 모르고 차량정체를 탓하며 계속 정체상황 속에서 힘겨워할 수밖에 없다. 나의 자산도 마찬가지다. 꾸준히 관심을 두자.

눈먼 자식을
효자로 만드는 방법

한 달에 20만원 연금 내면 나중에 얼마나 받아요?

(37/곽정은/주부/여자/은퇴준비)

연금은 저축이자 자산이다. 끊임없이 변화하는 생물과도 같다. 그런데 연금 가입을 물건을 구입하는 것처럼 또는 할부 구매하는 것처럼 오해하기도 한다. 연금을 가입한다는 것은 정해진 내역에 대해 구매하는 것이 아니다. 그래서 최저보증은 있지만 대체로 확정적이지 않다.

"이제 저도 연금을 가입해 보려 합니다. 이번에 친구들 만났는데 다들 연금 하나 정도 가입하고 있더군요. 일찍 가입해야 좋다며 다들 준비해놨다는데 저만 아직 안 하고 있었네요.

저는 한 달에 20만원짜리 생각하고 있습니다. 친구가 가입한 상품은 20만원 내면 나중에 연금으로 30만원 나오는 거라는데 한 달에 20만원 연금 내면 나중에 얼마나 받아요? 만약 소개해 주실 상품이 30만원보다 적게 나오는 거면 그냥 친구 담당자분한테 친구가 가입한 상품으로 가입할 거예요."

가장 많은 문의 유형 중 하나다. 이런 질문은 보장성 보험처럼 연금에 가입하면 확정적이라고 생각하기 때문이다. 보장성 보험은 '월 20만원 20년납하면 사망보험금 1억원 보장'이라는 조건이 가능하다. 하지만 "월 20만원 내면 60세부터 연금 30만원 받습니다."라는 표현은 정상적인 연금상품으로는 어렵다. 만약 연금을 목적으로 종신보험에 가입한다면 가능한 표현이다.

다만 연금이 목적이라면 종신보험으로 가입하는 것은 말리고 싶다. 연금은 공시이율형 또는 펀드투자형으로 운용되고 있다. 공시이율과 펀드 성과는 계속 변화하므로 연금개시시점의 적립금은 확정이 아니다. 연금개시시점의 적립금을 알아야 연금이 얼마인지 예상할 수 있는데 계속 변하기 때문에 연금을 얼마를 받을지는 아무도 알 수 없다.

상품설명서에 나와 있는 금액은 수익률을 가정한 예시일 뿐이다. 수익률(공시이율)은 계속 바뀐다(종신보험은 경과기간에 따른 해지환급금이 확정적이고 그 돈으로 연금개시를 하기 때문에 얼마를 받는다고 약속할 수도 있다. 다만, 종신보험은 연금으로 적합하지 않기에 여기선 논외로 한다).

노후대비를 위해 연금에 가입한다면 얼마를 확정적으로 받을지는 알 수 없기에 차라리 총납입 목표금액을 정해놓고 매월 납입금액에 신경 쓰는 것이 좋다.

예를 들어 "매월 100만원씩 납입하기로 하고 계약했지만 내 풍요로운 노후를 위해 적어도 1년에 500만원은 추가납입하여 연간 1,700만원은 꼭 납입하겠다."와 같이 결심하는 것이 낫다.

끊임없이 변하는 예상 연금액을 고민하는 것보다 원금을 조금이라도 더 많이 납입하여 풍요로운 노후를 준비함이 옳다. 연금 수령액을 결정짓는 요소는 연금생존사망률/운용 수익률/납입원금이다.

여기서 내가 내 의지로 할 수 있는 건 납입원금뿐이다. 수익률은 내 의지로 조절할 수 없기 때문이다. 많은 연금을 받고 싶다면 "납입원금"에 내 의지를 반영하자.

'눈먼 자식이 효자 노릇한다'는 속담이 있다. 연금은 노후에 훌륭한 자식노릇을 할 것이다. 눈먼 자식에게 좀 더 애정을 쏟아보자.

내 퇴직연금
관리방법은?

 언젠가는 퇴직할 텐데 내 퇴직연금은 어떻게 관리해야 하는 건
가요?　　　　　　　　　　　　　　　　**(37/강성진/회사원/남자/은퇴준비)**

 퇴직연금제도로 전환하는 회사들이 점점 늘고 있다. 퇴직금
이 퇴직연금으로 변경되었기 때문에 퇴직 시에도 퇴직금으로
수령하는 것이 아니라 개인퇴직연금(IRP) 통장으로 옮겨지고 연금 수령
시까지 상품을 다양하게 선택하고 변경하며 관리할 수 있다.

"이번에 회사를 옮기게 되었어요. 이제는 제도가 바뀌어서 퇴
직금을 정산해서 주는 것이 아니라 퇴직금 대신 IRP통장으로 퇴
직연금을 옮겨 준다고 하네요.
회사에 소속되어 있을 때는 금융기관에서 교육도 해 주고 세
미나도 해 주고 상품 추천도 해 줬었어요. 그런데 퇴직 이후에는
제가 직접 관리해야 하는데 내 퇴직연금은 어떻게 관리해야 하
는 건가요?"

퇴직연금은 금리형 방식과 펀드 중 선택할 수 있다. 투자가 싫다면
금리형을 선택하면 된다. 펀드의 경우, 퇴직연금펀드라 하여 시중에서

가입할 수 있는 일반펀드와 다르지 않다.

종류[Class]	A	A-E	C	C-E	S	C-퇴직연금
가입자격	가입제한 없음	인터넷 가입자	가입제한 없음	인터넷 가입자	펀드한정 판매사의 인터넷시스템 가입자	퇴직연금 가입자 및 사업자
선·후취 판매수수료	납입금액의 1% 이내	납입금액의 0.5% 이내	–	–	3년 미만: 환매금액의 0.15% 이내	–
환매수수료						
보수 [연,%] 판매	0.900	0.450	1.500	0.957	0.350	0.800
운용 등	0.975(집합투자업자보수: 0.900, 신탁업자보수: 0.060, 일반사무관리회사보수: 0.015)					
기타	–					
합성 총보수· 비용	1.902	1.427	2.479	1.934	1.326	1.776

　　은행이나 증권사에 가서 가입하는 펀드와 동일하게 관리하면 된다. 예를 들어, 은행에 가서 1,000만원을 중국본토A(가칭)펀드에 가입했다고 가정하자. 그리고 퇴직연금은 IRP통장을 개설한 증권사에서 판매되고 있는 이름이 같은 중국본토C-퇴직연금(가칭)펀드로 가입했다면 동일한 펀드인 것이다.

　　다만, 수수료 유형이나 보수 등 구조가 다를 뿐 투자되는 종목이나 운영을 하는 곳은 전부 다 같은 것이다. 즉, 투자금이 모집되는 경로만 다르다.

　　그래서 퇴사 이후 퇴직연금에 대한 관리는 해당 시기에 맞는 일반펀드와 동일하게 생각하면 된다. 만약 그 점이 부담스럽다면 전 세계 증시에 분산투자되는 글로벌 펀드나 혼합형 펀드에 묻어둔다 생각하고 투자하는 것도 좋다. 최근에는 혼자서 관리하기 어렵다며 유료로 투자자문사의 서비스를 이용하는 분들이 점점 늘어나고 있다.

다만, IRP 통장을 개설한 금융기관에서 알아서 잘 관리해 줄 거라는 기대는 하지 말자. 내 소중한 퇴직금은 나의 지속적인 관심이 필요하다.

☑ POINT

우리는 퇴직금을 포함하여 일상생활을 하며 늘 '돈 관리'라는 문제에 부딪힌다. 그중 가만히 앉아 있는 것은 나에게 그다지 도움이 되지 않는다. 관심을 기울이고 노력을 계속해야 한다.

나의 퇴직금도 어떻게 관리하느냐가 매우 중요하다. 그래서 우리는 스스로 계속 선택해야만 한다.

내 연금보험 수익률을
올리는 방법

가입한 연금수익률과 예상연금액이 너무 작은 연금보험, 좋은 방법 없을까요?
(38/윤진경/주부/여자/은퇴준비)

여러 개인연금을 완납하여 연금 개시를 기다리고 계시는 분을 만날 때가 있다. 가입한 시기와 상품이 전부 다르다 보니 상품에 대한 평가도 각각 달리한다. 그중 정말 좋다고 판단되는 상품도 있지만, 이 상품을 연금개시를 하는 것이 과연 도움이 될까에 대해 의문이 생기는 상품도 있다.

"부모님 연금 때문에 문의합니다. 장사하면서 가입하셨던 연금상품이 4개가 있어요. 이제 3년 뒤에 모든 연금이 개시됩니다.

그런데 고민이 좀 생깁니다. 보험회사로부터 예상 연금액에 대해 안내를 받았는데 어머님이 생각하신 것보다 너무 수령액이 작아서요. 또한 연금개시시점에 연금개시이율도 2% 더군요.

이 돈으로는 저희 부모님 월 생활비가 좀 부족한데요. 어머님은 현재 갖고 계신 빌라는 이번에 매도하기로 했고, 그 돈과 이 연금상품을 해약하여 다른 곳에 투자하는 게 차라리 낫지 않을까 고민 중이세요. 부동산은 관리랑 월세 받는 것 때문에 스트레

스가 많아 다른 걸 알아보고 계세요. 가입한 연금수익률과 예상 연금액이 너무 작은 연금보험, 좋은 방법 없을까요?"

			연금준비일시금	연금준비일시금	연금준비일시금	총수령연금
64	68	53	6,002	2,326	16,557	121
65	69	53	15	9	28	174
66	69	54	15	9	28	176
67	70	55	15	9	28	177
68	71	56	15	9	28	179
69	71	57	15	9	28	180
70	72	58	15	9	28	182
71	73	58	15	9	28	183
72	74	58	15	9	28	184
73	74	58	15	9	28	185
74	75	58	15	9	28	185
75	76	67	15	9	28	195

분석해 보니 국민연금은 내년부터 월 68만원, 가장 오래된 개인연금은 53만원씩 지급받기로 되어 있었고 매년 1%씩 상승하여 사망 시까지 지급 받는 걸로 되어 있었다. 나머지 세 개의 연금은 예상 적립금이 6,002만원인 상품은 연금개시이율 3%/2,326만원은 2%/가장 최근에 가입한 16,557만원은 2%로 되어 있었다.

연금개시이율 3% 상품은 조건이 좋아 유지하고 최근 가입하신 두 상품은 몇 년이 지났지만 공시이율 상품이어서 그런지 적립금이 겨우 원금 수준이었다. 2년이 지나도 2% 초반대의 이율을 적용받아 크게 매력적이진 않았다. 그래서 다른 방법을 제시해드렸다(모든 연금이 이 사례와 같은 것은 아니니 오해 없길 바란다. 각 연금상품의 특성에 따라 다르고, 해당 상품의 경우 고객의 니즈와 상품이 서로 많이 달라 다른 방법으로 안내한 것이다).

일단, 고객은 저금리의 이율을 적용받는 것이 싫다고 하였다. 그래서 위험을 감수할 테니 투자하여 기대수익이 높아지길 원했다. 해지하기로 한 두 상품의 경우, 전체 연금의 약 30%에 못 미치는 수준이므로 투자하는 데 나도 동의하였다.

노후의 경우 안정성이 최우선이기에 되도록 투자자산의 비율은 최소화해야 하지만 고객 성향에 따라 이렇게 투자성 있는 상품을 안내하기도 한다.

이 고객에게 추천한 상품 유형은 월지급식 펀드다. 펀드상품에 가입하여 매월 성과를 배당받는 형식이다. 1억원을 기준으로 매월 약 40~50만원 수준의 배당을 받는다. 월세를 받는 것과 비슷한 형태이고 펀드 자산이 올라도 내려도 약정된 금액을 인출하는 방식이며 펀드투자 성과가 안 좋다면 원금손실이 생길 수도 있다.

이 상품은 내가 납입한 돈으로 펀드를 운용하되 매월 약정한 %만큼 자동 인출되는 방식이다. 예를 들어 펀드에 1억원 가입하였고 매월 0.4%를 인출하기로 약정하였다고 가정하자. 펀드가 올라 1억 1,000만원이 되었다면 44만원을 받는 것이고 하락하여 9,000만원이 되었다면 36만원을 인출하는 것이다. 매월 인출하는 약정 비율은 변동 가능하며 언제든지 해지와 추가납입도 가능하다. 상당히 자유로운 방식이다.

일반적으로 추천하는 펀드는 배당형 펀드, 글로벌분산투자 펀드, 혼합형 펀드 등을 추천하며 5~6% 정도 수준이 기대되는 펀드들이 상대적으로 안정적인 편이다. 이미 해외에서는 상당히 활발하게 판매되고 있는 상품이며 최근 국내에서도 점점 판매량이 늘고 있다.

이 고객이 기존에 가입하였던 연금과 비교해서 장단점이 있다. 장점은 연금은 원금을 포함하여 연금액이 산정되어 연금 수령 시 원금은 남아 있지 않게 되지만 이 펀드의 경우 손실이 생길 가능성은 있지만 내 투자자산(원금)은 있는 상태에서 수익을 배당받는 형태이다.

마치 월세 받는 부동산이 월세와는 별개로 매매 차익도 노릴 수 있는 것과 같은 형태다. 그래서 성과가 좋다면 투자자산도 늘어나고 매월 인출되는 금액도 함께 늘어나기 때문에 물가상승률에 대한 대비와 더불어 내 자산 증가도 함께 기대할 수 있다.

단점은 안정성이다. 투자에 대한 안정성보다 노후에 대한 안정성이 취약하다. 언제든지 현금화가 가능하기 때문에 사기를 당하거나 잘못된 판단으로 돈을 날릴 수도 있다. 또한 연금개시 이후 전혀 신경 쓸 일이 없는 연금상품과 달리 펀드에 대해 신경 써야 한다.

혹시라도 금융시장의 불황이 찾아온다면 자산이 하락할 가능성이 매우 높기에 주의해야 한다. 그래서 해당 상품에 가입하신 분들은 담당 자산관리사와 정기적으로 미팅하여 안내를 받는 경우가 많다.

☑ POINT

현재 가입된 연금상품이 불만족스럽다면 대안으로 주목받고 있는 월지급식 펀드가 있다. 해외에서는 이미 연금의 대안으로 활발하며 국내에도 가입자가 점점 늘어나고 있다. 다만, 투자성향에 맞게 가입하는 것이 좋으며 원금보장이 안 되니 꼼꼼한 검토가 필요하다.

죽음과 세금 중
세금은 피할 수 있다?

여러 개의 연금 수령 전략 어떻게 짜야 할까요?

(39/이승진/임대업/남자/은퇴준비)

국민연금을 포함하여 여러 연금상품에 가입되어 있다면 종합하여 수령 전략을 세워야 한다. 상품마다 수령 시기 조절에 따라 수익률과 세금이 달라질 수 있기 때문이다. 그래서 무조건 연금을 개시하기보다 면밀한 분석을 통해 미리 계획을 세워둬야 한다.

"저희 아버님이 사업하시면서 가입한 연금이 여러 개입니다. 이제 연금 수령 시기가 다가와서 여기저기 문의를 하고 있는데요. 세금과 수익률이 전부 다 다르더군요. 게다가 연금의 경우 연 1,200만원이 넘으면 종합소득과세가 된대요. 연금 수령 시기는 개시 전까지는 조절할 수 있으니, 시기를 좀 조절해야 할 것 같아요. 여러 개의 연금 수령 전략 어떻게 짜야 할까요?"

연금소득세가 과세되는 상품과 비과세되는 상품으로 구분된다. 납입하는 기간 동안 세제혜택을 받은 상품은 과세가 된다. 또한 공적연금(국민연금/공무원연금)도 과세가 된다. 가입기간 동안 세금혜택이 없었던 상

품은 연금 수령 시 비과세가 된다. 먼저 가입한 상품이 어떤 세금체계에 적용되는지부터 살펴봐야 한다.

세금을 적용받는 상품들의 경우, 합산하여 연간 1,200만원이 초과할 경우 종합과세 대상이다. 따라서 수령시기를 늦추거나 수령기간을 변경하여 연금 수령액을 조절하는 방법으로 세금을 절세할 수 있다.

☑ POINT
경제활동이 활발한 시기에도 세금이 발생하지만 은퇴하여 연금을 수령할 때도 세금이 발생한다. 연금의 수령 시기와 기간을 조절함으로써 세금을 절세할 수 있고, 연금 가입부터 세금을 고려하여 세제혜택(세액공제)이 없는 대신 비과세 상품에 가입하는 것도 좋은 방법이다.

제일 안전하고 영속 가능한
금융상품은 무엇일까?

국민연금 가입 고민인데 하는 게 좋을까요?

(39/이은희/자영업/여자/은퇴준비)

국민연금은 정부에서 보장하는 복지제도이다. 하지만 많은 사람이 이에 대해 불신하고 있다. 국민연금의 고갈 가능성에 대해 우려하고 있다. 특히, 직장인들의 경우는 선택권이 없다. 매월 급여에서 국민연금이 자동 납입되며 회사와 공동납입한다.

하지만 근로소득이 없는 주부 또는 자영업자나 프리랜서의 경우 본인이 직접 납입해야 하므로 많은 분이 고민스러워하며 종종 질문한다.

"국민연금 고지서가 오는데 이거 내야 할지 말아야 할지 참 고민입니다. 회사 다니는 분들이야 회사에서 반 지원해 주니 납입에 대한 부담도 없고 선택권도 없으니 그냥 잘 납입하고 계시지만 우리는 직접 전부 다 납입해야 하니까요. 적은 액수도 아니고 괜스레 참 싫습니다.

게다가 열심히 일해서 어렵게 번 돈으로 납입했는데 소문처럼 정말 국민연금이 고갈된다면 그 또한 제게 손해라 생각해요. 가끔 국민연금에서 우편물이 오거나 안내 전화가 오면 국민연금이 최고라고 최대한 많이 납입하라고 설명을 해 줘요. 사실 잘 모르겠어요. 진짜 국민연금이 좋기나 한 건지, 정말 내게 좋은 제도인지도요.

납입했다가 정부 정책으로 인해 연금 수령액이 줄어들면 원금만큼도 못 받는 건 아닐까요. 그리고 납입 안 하면 기초노령연금을 지급해 주니 굳이 납입해야 하나 싶기도 하고요. 국민연금 가입 고민인데 하는 게 좋을까요? 안 하는 게 좋을까요?"

자영업자나 가정주부의 단골 질문이다. 국민연금은 국가에서 보장하는 제도이니 너무 걱정 마시라고 말씀드린다. 게다가 매년 물가상승률만큼을 수령액에 반영해 주니 국민연금은 정말 좋은 제도라고 생각한다. 다만 주의사항이 있다.

첫째, 국민연금만으로 노후문제가 완전히 해결된다고 기대하지는 말자. 노후자금을 준비할 여력이 없다고 생각될 때는 국민연금에 먼저 가입하고 추가로 개인연금도 준비하자.

둘째, 「국민연금 중복급여의 조정법」(제56조)으로 인해 한 사람에게 둘 이상의 국민연금 급여가 발생한 경우 선택한 하나만 받을 수 있다. 만약 부부가 둘 다 국민연금에 가입하였다가 남편이 사망했다고 가정해 보자. 아내가 국민연금에 가입된 상태라면 남편이 받던 연금의 30%만 더 받을 수 있다. 그러나 아내가 국민연금에 가입된 상태가 아니라면 (최저)기본연금액40% + 부양가족연금액을 받을 수 있다.

셋째, 60세 이후 소득원이 있는 자라면 조건에 맞게 감액되어 지급받으니 소득원이 없는 자보다 적게 받는다. 불합리하게 느껴질 수 있는 조건이지만 국민연금이 사회보장제도인 점을 고려해 본다면 이해된다.

또한 국민연금의 경우 압류가 불가능하여 최소한의 생계는 보장된다는 장점도 있다. 국민연금에 가입하지 않고 개인연금에 가입하겠다며 문의하는 고객이 많다. 하지만 부부 중 1인이 이미 가입된 경우가 아니라면 국민연금부터 우선 가입하라고 권한다.

노후자금은 생각보다 많은 금액이 필요하다. 따라서 다양한 제도를 필수적으로 이용해야 하며 보다 많은 저축으로 철저히 준비해도 부족하다. 국민연금이냐 개인연금이냐를 고민할 것이 아니라 국민연금과 개인연금 둘 다 필수적으로 준비해야 함을 많이 알리고 싶다. 노후는 생각 이상으로 준비하기 어렵고 큰 숙제이다.

☑ POINT _____

국민연금에 대한 소문은 잠시 잊어라. 국가가 존재하는 한 국민연금의 연금지급액이 줄어들 수는 있으나 사라져 버리는 일은 없다.

국민연금 가입은 필수이다(부부 중 1인). 독신이라면 반드시 필수로 가입해야 한다.